최강 우주 탐사대

★ **정홍철**

어린이 우주 교육 전문 회사인 '스페이스 스쿨'의 대표이며, 이소연 우주인 교육 실험 심사 위원, 나로호 1, 2차 발사 KTV 생중계 해설을 맡았다. 어릴 적부터 로켓을 만들며 우주 비행을 꿈꾼 저자는 실제 소콜 우주복부터 우주 변기까지 여러 우주 장비를 가진 우주 마니아이며, 20년 넘게 어린이 우주 교육을 하고 있는 유명 강사이기도 하다. 현재 과학동아천문대 우주탐사단에서 우주 비행과 로켓에 관한 강의를 하고 있으며, 여러 과학관과 문화센터 등에서 특강을 진행하고 있다. 저서로는 《우주 개발의 숨은 이야기》《물로켓을 만들어 보자》 등이 있다.

★ **정용환**

홍익대학교에서 산업디자인을 전공했다. 개성 있는 콘셉트와 캐릭터, 독특한 상상력을 바탕으로 재미있는 그림책 작업에 매진하고 있다. 《슈퍼독 개꾸쟁》으로 네이버 오디오 클립과 함께한 초등학생이 뽑은 '제1회 이 동화가 재미있다' 대상을 수상했으며, 쓰고 그린 책으로 《쿠나와 슈가의 과학 학습기》, 그린 책으로 《로봇 일레븐》《복제인간 윤봉구》《유튜브 스타 김은동》 등이 있다.

일러두기
러시아의 SOYUZ 로켓과 우주선에 관하여 지금까지 '소유즈'로 표기해 왔으나,
이 책에서는 러시아인의 발음을 바탕으로 한 외래어 표기법에 따라 '소유스'로 표기합니다.

교실을 뚫고 나간 우주 과학 이야기

최강 우주 탐사대

정홍철 글 | 정용환 그림

다산어린이

차례

가가린 우주인 훈련 센터
여기는 러시아 별의 도시야 ...12

낙하산 점프 훈련
쏭 스타, 하늘을 날다! ...22

중력 가속도, 무중력 훈련
무중력은 즐거워! ...30

생존 훈련
땅에서 바다에서 살아남기 ...40

우주복 맞추기
우주복의 놀라운 비밀 ...48

우주선 조작 훈련
로켓과 우주선은 무엇이 다를까? ...56

바이코누르 우주 발사 기지
우주인의 별별 전통 …64

로켓 발사
소유스 로켓, 우주로 발사! …74

국제 우주 정거장
국제 우주 정거장에 도착! …84

우주 정거장의 생활
우주에서는 키가 쑥쑥 커! …92

우주 정거장의 환경
과학적이고 야만적인 우주 생활 …102

지구 귀환 비행
눈 깜짝할 새 돌아오다! …112

쏭 스타의 우주 탐사 다시 보기 …126
내 방은 우주 실험실 …130
쓰고 그리며 우주 정복 …135

등장 인물

송별

안녕! 난 아주아주 평범한 대한민국의 열한 살 어린이였으나…
별이란 이름처럼 하루아침에 스타가 되었어.
무시무시한 경쟁을 뚫고 세계 최초 어린이 우주인으로 뽑혔거든.
하지만 우주에 간다고 마냥 좋아할 일이 아니었어.
이유가 뭔지는 곧 알게 될 거야.
이 송별이 우주까지 가는 이야기가 담긴 유튜브
우주 탐사 요원 쏭 스타 많이 구독해 줘!

이토 아유미

난 아유미야. 일본인이고, 예비 우주인으로 훈련받고 있어.
송별이 혹시 우주에 못 가게 되면 내가 대신 가는 거지.
별이가 못 가게 되길 바라냐고? 음… 노코멘트!
나보다 먼저 갈 자격이 있는지 조용히 지켜보려고.

미하일 교관

내가 누군지 알아서 뭐 하게?
난 가가린 우주인 훈련 센터의 교관이다.
고려인이라 한국어 통역도 담당하고 있지.
요즘 말썽쟁이 송별 때문에 아주 골치가 아파.
이대로라면 송별을 우주로 고이 보내 줄 수 없지!
으흐흐흐.

콜로코프 선장   **리처드 엔지니어**   **김수성 연구원**

러시아의 콜로코프 선장과 미국의 리처드 비행 엔지니어야.
우리는 별이랑 함께 우주로 갈 멤버란다.
별이가 훈련을 통과해서 우주로 가게 된다면 말이야.

'한국 항공 우주 연구원' 소속 연구원이야.
좀 길게 등장하고 싶었는데
너무 바빠서 잠깐 나오게 됐어.

도저히 못 참겠다!

대한민국, 아니 세계 최초의 어린이 우주인은 바로……
송! 별!

앗!

역시 다릅니다!
반드시 가고야 말겠다는
의지를 담아
우주를 가리키는군요.

아, 결국 못 팠다…….

송별 어린이, 소감 한마디 부탁해요!

여기는 러시아 별의 도시야

 우주 탐사 요원 쏭스타

여기는 모스크바 셰레메티예보 국제공항이야. 인천공항에서 비행기를 타고 무려 9시간이나 날아왔어. 그런데 어떻게 이럴 수가 있지? 공항에 나를 마중 나온 사람이 아무도 없다니! 입국 심사를 마치고 나왔지만 어디로 뭘 타고 가야 할지 몰라서 멀뚱멀뚱 서 있었어.

그때 멀리서 나를 부르는 목소리가 들렸어. 소리가 난 쪽에서 두 사람이 나를 향해 뛰어오고 있었어. 그중 한 아저씨는 내 이름이 크게 적힌 종이를 들고 있었지.

"오느라 힘들었지? 비행기가 예정보다 일찍 도착했구나."

"제가 송별인 줄 어떻게 아셨어요?"

"대한민국 사람 중에 널 모르는 사람도 있니? 네가 우주인으로 뽑혔을 때 손가락으로 하늘을 가리킨 영상은 전 세계인이 보았을걸. 유튜브 조회 수가 2억 뷰도 넘은 걸로 아는데."

'끙. 코 파려다가 깜짝 놀라서 얼결에 들어 올린 거라고는 절대 말 못

해. 죽을 때까지 혼자만 알고 있자!'

"나는 '한국 항공 우주 연구원'에서 러시아로 파견 나온 김수성 연구원이야. 만나서 반갑다."

연구원 아저씨가 다정하게 건넨 인사에 마음이 푹 놓였어.

그때 어디에선가 아주 따가운 시선이 느껴졌어. 연구원 아저씨와 함께 온 검은 선글라스 아저씨가 나를 빤히 바라보고 있었……을 거야. 눈은 안 보였지만 말이야.

"인사드리렴. 이분은 '가가린 우주인 훈련 센터'에서 일하시는 미하일 교관님이야. 우주인 교육을 맡으면서 통역도 해 주실 거야. 고려인이시거든."

"안녕하세요. 미하일 아저씨."

"쯧! 미하일 교관님이라고 불러라."

미하일 교관이라는 아저씨랑은 딱 말 한마디 나눴을 뿐인데도 나랑 진짜 안 맞는다고 느꼈어.

"별아, 이제 미하일 교관님이랑 같이 가면 돼. 훈련 열심히 받아서 꼭 우주 비행에 성공하기다?"

'헉! 저 무서운 아저씨랑 둘이 가라고?'

"연구원 아저씨는 같이 안 가세요? 같이 가요오오오……."

웃으며 손을 흔드는 연구원 아저씨 얼굴이 점점 멀어졌어. 이미 무서운 교관님이 내 뒷덜미를 잡은 채 끌고 가고 있었거든.

"아저씨이이이…… 같이 가요오오……."

연구원 아저씨 얼굴이 작은 점처럼 보일 때까지 애타게 불러 봤지만 소용없었어.

미하일 교관님이 나를 데려간 곳은 너른 광장 같은 곳이었어. 거기가 어딘지 무척 궁금했지만, 무서운 표정으로 입을 꾹 다물고 있는 교관님에게 물어볼 용기가 나지 않았지. 조금 걸어가니 높다란 붉은 담장이 나왔어. 담장에는 러시아 글자가 새겨진 현판들이 나란히 붙어 있고, 바닥에는 꽃이 담긴 화병도 놓여 있었어. 그 앞에 선 교관님은 선글라스를 벗고 묵념하듯이 고개를 숙였어. 나도 엉겁결에 따라 했지.

"여기는 붉은 광장이다. 우주 비행 도중 사망한 네 명의 선배 우주인과 최초의 우주인 유리 가가린이 잠들어 있는 곳이다. 러시아의 우주 비행사는 먼저 이분들을 추모하고 훈련을 시작한다."

'사고로 돌아가신 우주인들의 묘지였구나.'

"우주여행은 절대 안전하지 않다. 하지만 실패를 거듭하며 보완해 온 덕분에 지금은 비교적 안전해졌지. 러시아에서는 1971년 이후 사망 사고가

한 번도 없었다. 세계에서 가장 안전하게 우주 비행을 한다고 할 수 있지."

자랑스러운 얼굴로 당당하게 말하는 교관님이 조금 멋있어 보였어. 선글라스를 벗고 온전히 마주한 얼굴도 생각보다는 덜 무서웠고. 그래서 진짜 궁금한 걸 물어볼 용기를 냈지.

"그럼 제가 탄 우주선이 사고가 나면 저도 여기에 묻히게 되나요?"

"뭐라고? 훈련을 시작하기도 전에 그런 말을 하다니! 정신 똑바로 안 차려! 내가 가르치는 우주 비행사에게 사고란 있을 수 없다!"

얼마나 호통을 치는지 말 한마디 잘못했다가 고막이 찢어지는 줄 알았지 뭐야.

그다음으로 교관님과 함께 간 곳은 높은 담으로 둘러싸인 마을이었는데, 그 안으로 들어가려면 출입 신고를 해야 한다며 출입문 근처에 차를 세웠어. 그러고는 나에게 보고 있으라며 종이 한 장을 주었어.

우주인 훈련 일정표

- 러시아 '가가린 우주인 훈련 센터' 입소 … 3월
- 러시아어 교육 … 3월~4월

- 체력 훈련 … 3월~탑승 전
- 이론 교육(소유스 TMA, ISS 러시아 모듈) … 3월~4월
- 실습 교육(소유스 TMA, ISS 러시아 모듈) … 5월~7월
- 아마추어 무선 통신(햄) 훈련, 우주 음식 적응 훈련 … 8월
- 중력 가속도 적응 훈련, 해상 생존 훈련 … 9월
- 미국 '존슨 우주 센터'로 이동(ISS 미국 모듈 훈련) … 9월
- 과학 임무 훈련, 지상 생존 훈련 … 10월~12월
- 러시아 문화 관광(우주 박물관, 붉은 광장 등) … 12월
- 사진 및 비디오 촬영 훈련 … 내년 1월
- 카자흐스탄 바이코누르 기지로 이동 … 내년 3월
- 소유스호 발사 … 내년 4월
- ISS 체류(10일간) … 내년 4월
- 지구 귀환 … 내년 4월

*소유스 TMA: ISS까지 우주인을 실어 나르는 러시아 우주선
*ISS: 국제 우주 정거장

입소식이 내일이네. 그런데 잠깐, 내년?

"저 미하일 교관님, 글자가 틀린 것 같은데요. 내년이라는 말이 들어가 있어요."

"그게 왜 틀렸다는 거냐?"

"저는 4월, 그러니까 다음 달에 우주에 가는 거 아닌가요?"

"……."

미하일 교관님이 길게 한숨을 쉬더니 곧 사자 한 마리가 울부짖는 듯한 큰 소리로 호통치기 시작했어.

"정식으로 우주인이 되려면 기초 훈련, 심화 훈련, 비행 전 훈련까지 모두 3단계의 훈련 과정을 마쳐야 해. 모든 단계마다 테스트를 통과하고, 최종 의학 심사에서 합격해야 하지. 보통 2년에서 5년 정도 걸리는데, 17년이나 걸린 사람도 있단 말이다."

난 한국에서 우주인으로 뽑혔기 때문에, 기초 훈련만 받고 우주 비행을 하는 줄 알았거든. 4월이라기에 당연히 다음 달이라고 생각했지. 그런데 시험은 뭐고, 게다가 빨라야 2년이라고?

"미하일 교관님! 전 그렇게 오랫동안 훈련을 받을 수가 없는데요. 학교도 가야 하고, 엄마 아빠도 보고 싶고, 친구들도……."

으악, 비상! 눈물샘이 촉촉해지면서 눈물이 나오려고 하지 뭐야.

"후유, 설마 지금 내 앞에서 울려는 건 아니겠지? 일단 진정해라. 소유스 우주선에는 우주선을 조종하는 '선장'과 선장을 보조하는 '비행 엔지니어' 그리고 연구 임무를 띤 '탑승 과학자' 이렇게 세 명이 탑승하지. 넌 탑승 과학자로 타니까 1년간 기초 훈련만 받으면 된다."

"그럼 1년만 훈련하면 무조건 우주 비행을 할 수 있는 거죠?"

"어림없는 소리! 아무리 기초 훈련이라고 해도 각 단계마다 있는 시험과 신체검사를 통과하지 못하면 끝이야. 대신 네 자리에는 예비 우주인이 타게 되겠지."

윽! 뜻밖의 사실에 놀란 내 얼굴을 보고 교관님이 처음으로 미소를 지었어. 등골이 오싹해지는, 무시무시한 웃음이었지. 교관님은 담장 사이로 난 출입구를 가리키며 말했어.

"여긴 즈뵤즈니 가라독, 영어로는 스타 시티라고 한다. 한국말로는 별의 도시란 뜻이야. 여기에 네가 훈련받을 가가린 우주인 훈련 센터가 있단다."

"우아, 내 이름도 스타인데! 제가 송별이잖아요. 영어로 하면 쏭 스타! 여긴 제가 올 수밖에 없는 곳이었네요. 헤헤헤."

교관님은 더 이상 말대꾸하기도 싫다는 듯 고개를 절래절래 흔들며 다시 운전을 시작했어.

차는 출입문을 통과해 건물이 늘어서 있는 마을 안으로 들어갔어.

"여기가 스타 시티란다."

교관님은 커다란 동상 앞에 차를 세웠어.

"이 사람은 누구예요?"

"곧 우주에 간다는 녀석이 우주인의 영웅 유리 가가린도 몰라? 너 같은 애가 어떻게 우주인으로 뽑힌 거지?"

아차, 세계 최초의 우주인인 유리 가가린을 몰라보다니, 얼굴이 화끈 달아올랐어. 나는 죄송한 마음을 담아서 미하일 교관님을 따라 묵념을 했어.

'유리 가가린 아저씨. 당신은 세계 최초의 우주인이지만, 저도 만만치는 않아요. 세계 최초의 어린이 우주인이거든요. 헤헤. 꼭 우주 비행에 성공할 수 있도록 응원해 주세요.'

 **유튜브로 우주여행**
우주인들을 환영하는 행사 모습이 담겼어. 우주인들이 가가린 동상에 헌화하는 모습도 볼 수 있어. (출처:NASA)

두근두근 우주 탐사

우리나라 최초의 우주 비행사 이소연

대한민국 최초의 우주인 이소연입니다.

소유스 TMA-12호 타고 우주 정거장으로 출~발!

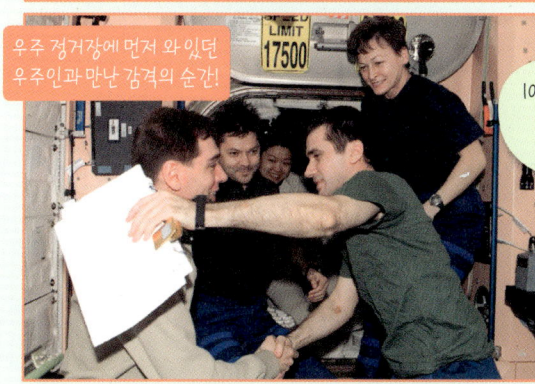

우주 정거장에 먼저 와있던 우주인과 만난 감격의 순간!

10일간 우주 정거장에 머문 후 이분들과 돌아갈 거야.

난 페기 윗슨이야. '우주에 가장 오래 머문 미국인'이지. 665일이란다.

이소연 우주인이 지구로 돌아올 때 우주선이 고장 나서 크게 다칠 뻔했대. 후유~ 심장이야!

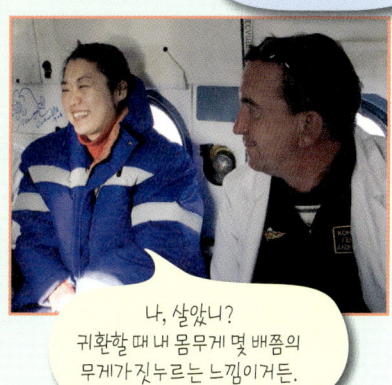

나, 살았니? 귀환할 때 내 몸무게 몇 배쯤의 무게가 짓누르는 느낌이거든.

쏭 스타, 하늘을 날다!

우주 탐사 요원 **쏭스타**

"송별! 지금이 몇 신데 아직까지 자고 있나? 빨리 일어나지 못해! 늦잠을 잤으니 아침 식사는 없다. 서둘러라."

미하일 교관님의 호통 소리에 눈은 떴지만, 비몽사몽 정신이 없었어. 새벽에야 잠이 들었거든. 간밤에 잠을 설친 이유는 내가 정말 굉장한 곳에 왔다는 걸 깨달았기 때문이야. 어제 미하일 교관님이 나에게 훈련 센터를 소개하면서 이곳 유래를 설명해 주었어.

"여기는 우주인 훈련을 위해 1960년에 세워졌다. 1968년부터 기술자들과 그들의 가족들이 주변에 살 수 있게 되면서 일종의 도시가 되었지. 그래서 이곳을 스타 시티라고 부른다. 지금은 병원, 학교, 영화관, 우체국, 박물관 등 어지간한 도시와 맞먹을 정도의 시설이 갖추어져 있지. 지금은 개방되어 있지만, 미국과 우주 경쟁을 하던 시절에는 지도에도 표시되어 있지 않던 비밀 장소였다."

이런 이야기를 들었으니 잠이 왔겠어? 정말 굉장한 곳에 왔다는 생각에 밤새 두근두근 잠을 못 이뤘던 거야.

잠을 못 잤는데도 우주인 훈련을 시작하는 날이라 그런지, 하나도 힘들지 않았어. 소유스 우주선을 조종할 생각에 벌써부터 가슴이 떨려 왔지. 그러니 이 입에서 또 자동으로 질문이 나올 수밖에.

"미하일 교관님, 지금부터 우주선 조종하는 방법을 배우러 가나요?"

"송별, 제발 김칫국부터 마시지 마라. 네가 우주선에 탑승하기 위해서는 아직 넘어야 할 산이 수없이 많아. 지금부터는 러시아어 수업과 체력 훈련을 할 거다. 알겠나?"

그날부터 난 꼼짝없이 강의실에 붙들려 러시아어 수업을 들었어. 러시아 말과 글은 너무나 어려웠어. 배운 내용은 그날그날 복습하지 않으면 따라갈 수가 없었지. 그리고 일주일에 세 번은 체육관에 가서 근력 단련, 수영, 사이클링 등을 해야 했어. 기대했던 훈련 내용은 아니지만 어쩌겠어? 다른 우주인과 대화하고 장비를 조작하려면 러시아 말을 알아야 했고, 우주 비행을 하려면 체력을 키워야 한다니 좋든 싫든 따라 할 수밖에.

어느 정도 러시아어가 익숙해지자, 갑자기 수업 내용이 어려워지기 시작했어. 우주 비행 역학, 우주 항법 기초, 항공 우주 의학 기초처럼 도대체 이해할 수 없는 말투성이었어. 나 같은 어린이에게는 너무 어렵다는 생각이 들었어. 그러자 이 입에서 또 자동으로 따지는 말이 나가고야 말았지.

"교관님, 이렇게 어려운 이론 공부를 왜 해야 하죠? 그냥 실기 훈련만 하면 안 되나요?"

"이론 공부를 먼저 해야 하는 이유는 이론을 알아야 위험한 상황이 닥치더라도 스스로 문제 해결을 할 수 있기 때문이지. 네게 어려울 거라는 건 잘 안다. 참고해서 평가할 테니, 얼렁뚱땅 넘어갈 생각은 꿈에도 하지 마라!"

이렇게 해서 계속 어렵고 복잡한 이론 교육을 받고 있던 어느 날이었어. 밤늦게까지 배운 내용을 복습하느라 아침이 되었는데도 눈을 제대로 못 뜬 채 식당으로 갔어. 막 아침 식사를 시작했을 때 미하일 교관님이 나타났어.

"오늘부터는 낙하산 점프 훈련이다. 그러니 적당히 먹어 두는 게 좋을 걸. 흐흐흐……."

'진짜 낙하산 점프? 그런데 왜 저렇게 기분 나쁘게 웃지? 불길한데?'

기분 나쁜 웃음소리에 입맛이 떨어져서 식사를 하는 둥 마는 둥 마치고 교관님을 따라나섰어. 먼저 강의실에서 낙하 이론 교육을 받았어.

"예전 우주인들은 낙하산으로 착륙하거나 비상 탈출을 하는 경우가 있어서 낙하산 점프 훈련이 필수였지만, 지금은 꼭 해야 하는 건 아니다. 하지만 별이 너는 어린이 우주인으로서 담력과 자신감을 키우기 위해 특별히 하기로 했다. 무중력 비행기 탑승 훈련에도 도움이 될 거다. 잘할 자신 있지?"

낙하산의 원리부터 뛰어내리는 법, 착지하는 법, 낙하산을 정리하는 법 등을 배우고, 실제로 점프하기 위해 비행장으로 갔어.

헬리콥터를 타고 하늘을 날자 무척 신이 났어. 하지만 고도 800미터쯤 올랐을 때 미하일 교관님이 헬리콥터 문을 열더니 뛰어내릴 준비를 하라고 하는 게 아니겠어? 아래로는 건물들이 코딱지만 하게 보이고, 사람들은 개미만큼이나 작게 보였어. 그걸 보자 갑자기 오줌이 마려우면서 다리가 바들바들 떨리기 시작했어. 도저히 아래로 뛰어내릴 수 있을 것 같지가 않았어.

"교관님…… 저…… 모…… 옷…… 하겠…… 어어…… 요……."

이가 딱딱 부딪히고, 턱이 떨려서 말도 제대로 못 하겠더라고.

"뭐라고! 이런 겁쟁이 녀석. 하긴 첫날부터 알아봤다. 넌 우주인이 될 자질이 없다는걸. 어쩌다 너 같은 애가 대한민국을 대표하게 된 건지. 설마 대한민국 어린이는 다 그 수준이냐?"

바로 그 순간, 비웃음 가득한 얼굴로 대한민국 어린이를 마구 깔보는 목소리가 점점 커지던 그 순간에 갑자기 진정이 되면서 떨리던 턱과 다리가 원래대로 돌아왔어. 대신 마음속에서는 오기가 솟아났지.

'본때를 보여 주겠어. 다시는 나도, 우리나라도 무시하지 못하게 할 테다.'

나는 이를 악물고 주먹을 불끈 쥐면서 헬리콥터 밖으로 뛰어내렸어.

"으아아아아아아아악!"

이렇게 해서 점프 훈련은 간신히 성공했어. 기분이 어땠냐고? 잘 모르겠어. 뛰어내린 다음부터는 기억이 잘 안 나거든. 어떻게 뛰어내린 건지 나도 궁금해. 나중에 지상에서 만난 교관님의 웃음을 보고서야 당했다는 걸 알았지. 훈련을 위해 일부러 비꼰 말에 내가 넘어갔다는 걸 말이야.

유튜브로 우주여행
가가린 우주인 훈련 센터에서 훈련 중인 우주 비행사 안드레아스 모겐센이 우주 정거장 도킹과 관련한 궤도 역학을 공부하는 모습이야. (출처:ESA)

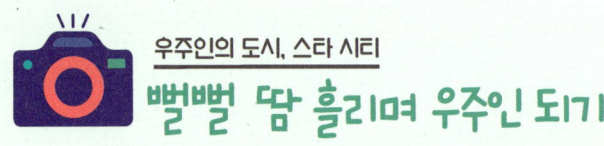

우주인의 도시, 스타 시티
뻘뻘 땀 흘리며 우주인 되기

가가린 우주인 훈련 센터의 상징은 누구? 바로 나야 나!

우주인은 가가린 동상에 헌화하고 훈련을 시작해.

오늘은 우주선의 각종 장비 사용법을 배워 봅시다!

위험한 가스 누출이나 화재에 대비한 훈련을 하고 있어, 쿨럭!

우주 정거장과 똑같이 만든 모형으로 우주 정거장을 미리 체험해. 뭐가 있는지 볼까?

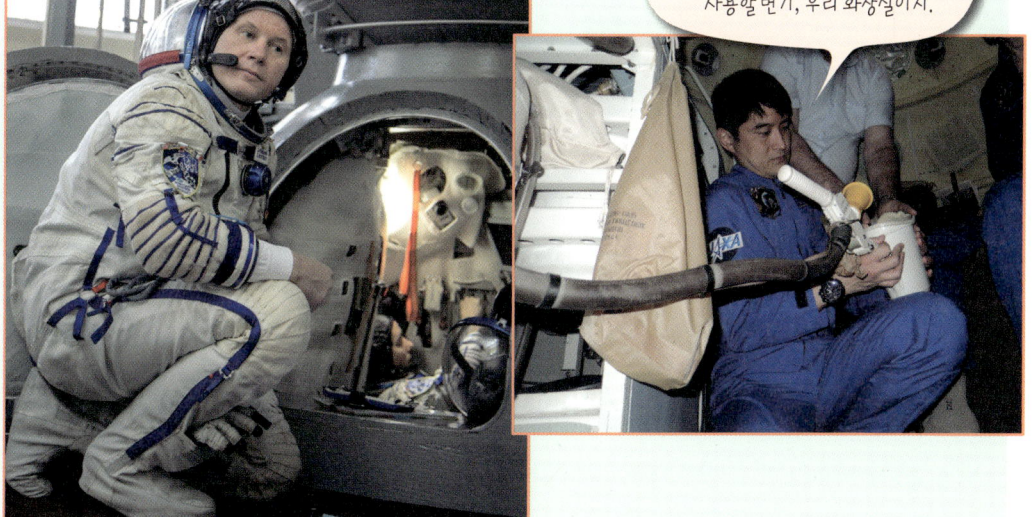

▶ 중력 가속도, 무중력 훈련

무중력은 즐거워!

 우주 탐사 요원 쏭스타

"송별, 잠은 푹 잤니? 훈련받느라 많이 힘들지?"

평소에는 호랑이 같은 교관님이 오늘따라 다정한 목소리로 말을 걸지 않겠어? 왠지 의심쩍다는 생각이 들었어. 나한테 저렇게 부드럽게 말할 리가 없다고. 분명히 무슨 꿍꿍이가 있는 거야.

"교관님, 오늘은 점프 훈련보다 더 힘든 훈련을 하나요? 교관님답지 않게 부드럽게 말씀하시니까 많이 어색하거든요?"

"흠흠. 어색하다고? 낙하산 훈련을 잘 마친 게 대견해서 칭찬해 주려고 했더니. 그럼 네 소. 원. 대. 로. 평소처럼 하겠다."

미하일 교관님은 평소처럼 다시 싸늘해져서 쌩하니 둥그런 건물 안으로 들어가 버렸어. 난 분위기 파악 못하고 말하는 내 입을 손으로 때리면서 얼른 따라갔지.

"여기는 우주 비행을 하면서 꼭 견뎌야 할 중력 가속도를 체험하는 곳이다. 캡슐에 탑승해서 일정한 속도에 이르면 조종실에서 질문이 들려올 거다. '예'라면 버튼을 두 번 누르고, '아니요'라면 버튼을 한 번 눌러라. 알겠지?"

"그냥 말로 하면 안 되나요?"

"말로 한다고? 어디 할 수 있으면 해 봐라."

기계에 탑승하기 전에 의사 선생님이 와서 내 몸을 검사했어. 그러고는 사인을 하라며 서류를 줬는데, 훈련 도중 심장이나 호흡이 멈추거나 혈관이 끊어지더라도 책임을 묻지 않는다는 내용이었어. 난 사인을 하고 조금 떨리는 마음으로 거대한 로봇 팔처럼 생긴 중력 가속기에 탑승했어. 회전이 시작되자 왜들 그렇게 호들갑을 떨었는지 모르겠다는 생각이 들었어. 참을 만했거든. 하지만 회전이 빨라지면서 원심력이 증가하자 모니터에 나오는 중력 가속도의 크기가 1지(G), 2지, 3지로 점점 올라가면서 몸이 무거워지더라고. 3지란 지구 중력의 3배란 뜻으로, 나랑 몸무게가 같은 친구 셋이 내 위에 올라타서 누르는 것과 같대. 점점 숨쉬기가 힘들어졌어. 결국 4.7지가 되자 눈앞에 있는 것들이 흑백으로 보이기 시작했고, 결국에는 주위가 온통 까맣게 변했지. 나중에 들은 말로는 내가 도중에 정신을 잃어서 훈련이 중단되었대. 그리고 다음 날부터 피가 머리에서 내려오지 않도록 하는 훈련이 추가되었어. 이를 악물고 훈련을 버텼지만, 이후에도 세 번이나 더 기절을 했지.

"말로 대답을 하겠다며? 어떻게 질문하기도 전에 기절을 하냐? 하하하."

세 번 기절한 끝에 겨우 훈련을 통과하기는 했지만 아직도 미하일 교

관님이 비웃는 소리가 귓전에 맴도는 것 같아.

오늘은 손꼽아 기다려 왔던 무중력 훈련을 하는 날이야. 지난번 중력 가속도 훈련은 중력이 3~4배 증가했는데 이번엔 중력이 0, 제로가 되는

환경을 이겨 내는 훈련이야. 우주가 아닌 지상에서 어떻게 중력이 없어 질까? 비행기가 포물선을 그리며 급상승했다가 급히 떨어지게 되면 자유 낙하 상태가 되어 25초간 무중력 상태를 만들어 낼 수 있대. 비행기 안에 탄 사람이 비행기와 같은 속도로 낙하하게 되어 생기는 현상인데, 우주 정거장에서 만들어지는 무중력도 이런 자유 낙하 현상 때문이래. 무중력 훈련은 이런 포물선 비행을 여러 번 반복하는 거야.

나는 미하일 교관님과 함께 가까운 공군 비행장으로 갔어. '일류신 76'이라는 수송기를 타려고 대기하고 있었지. 그런데 한쪽 구석에 내 또래 여자애가 있는 거야. 훈련 장소에서 어린이를 만난 건 처음이라 궁금한 마음에 다가가서 말을 걸었어.

"안녕, 난 송별이라고 해. 한국인이야. 만나서 반갑다."

"응. 난 일본인이고, 이토 아유미야. 반가워."

그때 갑자기 아유미 배에서 꼬르륵 소리가 났어. 아유미는 얼굴이 빨개지면서 어쩔 줄 몰라 했어.

"히히히, 너 늦게 일어나서 아침도 못 먹었구나. 교관님 몰래 감춰 둔 과자 있는데, 줄까?"

"그게 아니라, 오늘 무중력 훈련받는다고 아침 먹지 말라고 해서……."

'이게 무슨 소리야? 나한테는 먹지 말라는 말 없었는데.'

난 교관님께 가서 나에게는 왜 말해 주지 않았느냐고, 차별하느냐고 따졌어.

"송별! 그러니까 수업 시간에 졸지 말라고 했지. 이 한심한 녀석아!"

가만히 있었으면 안 먹었을 꿀밤만 배불리 먹었지, 뭐. 아유미가 여기에 왜 있는지도 물어보지 못했어.

무중력 비행기가 출발할 때쯤 아유미가 왜 여기에 있는지 알게 됐어. 무중력 비행기가 굉음을 내면서 활주로를 달리기 시작하자 옆에 앉아 있던 미하일 교관님이 내 귀에 대고 소리치더라고.

"송별, 저기 있는 아유미가 누군지, 왜 여기 있는지 궁금하지 않아? 넌 나쁜 머리를 굴리는 걸 좋아하는 것 같으니 잘 생각해 보렴. 네가 훈련에서 불합격하면 누가 대신 우주선에 타게 될지 말이야, 흐흐흐."

아침에 일어날 때만 해도 기분이 들떠 있었는데, 교관님의 말을 듣고 너무 우울해졌어. 나를 대신할 예비 우주인이 있다니, 내가 훈련에서 떨어지면 세계 최초의 어린이 우주 비행사라는 명예는 일본이 가져가는 거잖아. 대한민국을 대표해서 여기까지 왔는데 우주인이 되지 못한다면 내 꼴이 뭐가 되겠어.

이번 훈련에서는 꼭 좋은 성적을 내겠다고 마음을 단단히 먹었지. 하지만 몸은 왜 내 마음을 못 따라가는 걸까. 여섯 번째 무중력 비행에서 결국 토하고 말았어. 구토 봉지에 토하다가 아유미랑 눈도 딱 마주쳤지. 어찌나 창피한지 쥐구멍이라도 있으면 들어가서 숨고 싶었어. 비행기에 구멍이 있으면 큰일이지만.

"준비!"

교관님의 목소리가 들려왔어. 이제 5초 후면 무중력 상태가 되니 준비하라는 뜻이야. 5초가 흐르자 다리가 공중으로 붕 떠올랐어. 물속이라고 착각할 정도였지. 수영이라면 자신 있지만, 진짜 물속처럼 마음대로 헤엄치고 다닐 수는 없었어. 벽이나 손잡이를 잡지 않고서는 원하는 방향으로 움직이는 것조차 힘들었지.

"멈춰!"

공중에서 허둥대고 있는데, 교관님의 날카로운 목소리가 들렸어. 25초가 지나면 무중력이 사라지기 때문에 다리를 바닥으로 향하게 해야 돼. 만약 머리가 바닥을 향하고 있으면 다시 중력이 생겼을 때 머리부터 떨어지면서 큰 사고가 날 수 있거든. 그래서인지 교관님은 무중력인 25초 동안은 평소보다 더 날카롭게 굴었어.

무중력 훈련 둘째 날은 다행히 토하지도 않았고, 요령도 늘었어. 이제 무중력 상태에 조금은 익숙해진 것 같아. 공중에서 재주넘기도 하고 비틀어 헤엄치기도 했어. 아유미 앞에서 하늘을 나는 슈퍼맨 포즈로 공중에 떠

있기도 했지. 아유미는 재미있다고 깔깔대면서 웃고 미하일 교관님은 어이가 없다는 듯한 표정이었지만 뒤돌아서 피식 웃는 걸 난 보았지.

훈련 마지막 날, 무중력 공간에서 우주복을 입는 훈련을 했어. 무게가 10킬로그램이나 되는 데다가 구조도 복잡한 우주복을 혼자서 입으려니 엄두가 안 났어. 무중력 상태라 무겁지는 않았지만 우주복이 이리저리

펄럭여서 결국 미하일 교관님의 도움을 받고서야 입을 수 있었어.

우주복을 입고 무중력 상태에서 둥실둥실 떠 있으니까 얼른 우주로 날아가고 싶은 마음이 커졌어. 무중력 상태에 재미를 붙이고 나니까 25초란 시간이 너무 짧은 거 있지? 미하일 교관님의 '멈춰!'라는 소리가 왜 그렇게 빨리 들려오던지.

유튜브로 우주여행
우주 비행사 안드레아스 모겐센이 중력 가속도 적응 훈련을 받는 모습이야. 중력 가속도 8G에서 우주인의 몸무게는 무려 720kg이나 된대. (출처:ESA)

유튜브로 우주여행
러시아의 무중력 비행기는 우주 비행사뿐 아니라 일반인도 탑승할 수 있어. 20여 초의 무중력 현상을 이용해서 무중력 체험을 하는 모습이 담겼어.
(출처:Aerospace Adventure)

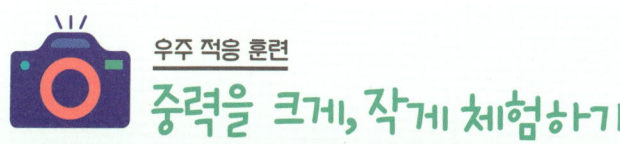

우주 적응 훈련
중력을 크게, 작게 체험하기

로켓이 속도를 높일 때 생기는 중력 가속도에 적응하기 위해 원심기 훈련을 해. 빨리 돌수록 원심력이 커져서 몸무게가 무거워지지.

둥둥 떠 있는 거 보여? 비행기가 자유 낙하할 때 생기는 무중력을 이용한 훈련이야.

무중력에선 피가 얼굴로 몰리기 때문에 침대를 기울여 같은 조건을 만들고 신체 변화를 살피는 중이야.

아이고, 어지러워! 회전 의자에 앉아 멀미에 적응하는 훈련 중이야.

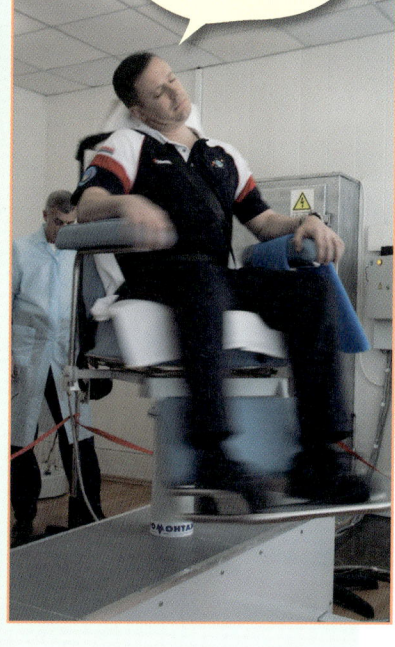

땅에서 바다에서 살아남기

우주 탐사 요원 **쏭스타**

오늘은 야외 훈련을 하는 날이야. 답답한 센터에서 벗어나 스타 시티에 있는 숲속으로 들어가니 기분이 상쾌해졌어. 이렇게 가슴이 뻥 뚫리는 느낌은 정말 오랜만이야. 야외에서 1박 2일을 보낼 생각에 벌써부터 가슴이 두근두근했어. 훈련이기는 하지만 일단 밖으로 나오니까 신나잖아. 소풍 가는 기분도 들고. 게다가 아유미도 함께라서 심심하지도 않아. 신이

나서 콧노래가 자동으로 흘러나왔어. 그때 오늘도 역시 기분을 망치는 미하일 교관님의 목소리가 들려왔지.

"송별, 너는 우리가 놀러 가는 것 같나? 훈련 중이야, 훈련! 제발 좀 진지해 봐라. 오늘 훈련은 우주선이 지구로 귀환할 때 발생할 수 있는 여러 상황을 체험하는 훈련이다. 구조대 도착이 늦어지거나 무선 연락이 되지 않을 경우를 대비하는 생존 훈련이란 말이다."

"교관님, 미국의 우주 왕복선은 활주로에 착륙하던데요? 우리도 원래 출발했던 발사 기지로 돌아오는 것 아닌가요?"

"도대체 너는 수업 시간에 뭘 들은 거냐? 소유스 우주선은 날개가 없어서 착륙하는 도중에 방향을 조종할 수 없단 설명 못 들었어?"

오늘도 변함없이 야단을 맞으면서 하루를 맞았어. 그것도 아유미가 빤히 쳐다보고 있는데.

'대한민국 어린이 송별, 스타일 완전히 구기는구나.'

우리는 어느덧 훈련 장소에 도착했어. 소유스 우주선의 귀환 모듈에서 첫 번째 밤을 보내게 되었지. 화장실보다 더 좁은 공간에서 3명의 우주인이 잠을 자는 모습이 상상돼? 너무 불편해서 깊이 잠들지 못했어. 몸을 펼 수도 없고, 돌아누울 수도 없는 경험은 처음이었지. 이건 생존 훈련인지 아니면 참는 훈련인지 분간이 가지 않을 정도였다니까.

다음 날 아침, 나무를 모아서 불을 피운 다음 비상식량으로 간단한 식사를 했어. 나는 교관님 몰래 챙겨 둔 초콜릿을 들고 조금 떨어져서 훈련받고 있는 아유미를 찾아갔지. 멀리 아유미가 보여서 손을 흔들며 인사했어. 나를 본 아유미도 반갑게 손을 흔들어 주었지. 그런데 갑자기 아유미 얼굴이 새파랗게 질리더니 내게 뭐라고 소리치는 거야. 도대체 왜 그러는 거지 하면서 뒤를 돌아보았더니, 저게 뭐야? 곰? 설마…… 진짜 곰? 아무리 봐도, 다시 봐도, 눈을 비비고 봐도 곰? 곰! 곰이다!

"으악, 곰이다! 으아아아아아아악!"

나는 어디로 뛰는지도 모르고 달렸어. 이게 무슨 황당한 일이야. 아무리 시골 숲속이라도 그렇지 야생 곰이 이렇게 불쑥 나타나도 되는 거야? 걸음아 나 살려라 도망치고 있는데, 뒤에서 '빵' 하고 엄청나게 큰 소리가 났어. 내 비명 소리를 듣고 달려 나온 미하일 교관님이 가지고 있던 신호탄으로 곰에게 위협사격을 한 거야. 곰은 신호탄의 소리와 불꽃에 놀라서 도망을 갔어.

난 교관님을 다시 보게 되었어. 교관님이 없었더라면 난 곰에게 물려 우주 비행은커녕 집에도 못 돌아갈 뻔했으니까. 평소에 야단만 치던 교관님이 항상 곁에서 나를 지켜 주고 있다는 생각에 눈물이 핑 돌았지.

육상 생존 훈련 다음으로는 해상 생존 훈련을 받았어. 해상 생존 훈련은 우주에서 귀환한 캡슐이 바다나 강에 떨어지는 상황을 대비한 훈련이야. 먼저 좁은 캡슐 안에서 소콜 우주복을 벗고 해상용 구명복으로 갈아입어야 해. 이 구명복은 물에서 오랜 시간 생존할 수 있도록 부력 장치가 달렸고 체온 유지를 돕는 기능도 있어. 그다음에는 캡슐에서 탈출해서 구조를 기다려야 해. 지난번처럼 좁은 우주선 안에서 하룻밤을 보내지 않는 것만으로도 이 훈련은 식은 죽 먹기라는 생각이 들었어. 게다가 난 수영이라면 자신 있거든.

훈련이 시작되었어. 장소는 러시아 사람들이 휴가지로 많

이 찾는 '흑해'라는 곳이야. 날씨가 무척 좋았지. 햇볕도 따뜻하고, 바람도 없어서 바다도 아주 잔잔했어. 우리는 캡슐 안에 탄 채 바다로 내동댕이쳐졌어. 스피커에서 '훈련 시작'이라는 소리가 들려서 우주복을 벗으려는데, 갑자기 캡슐이 마구 흔들리는 거야. 잔잔한 바다에 갑자기 폭풍우가 몰아친 듯한 상황에 우주인 아저씨 두 명과 나는 당황해서 어쩔 줄을 몰랐어. 나중에 알고 보니 훈련을 도와주는 잠수부 아저씨들이 캡슐을 일부러 흔든 거였어. 극한의 상황이 아니라면 훈련하는 의미가 없다나 뭐라나. 좁은 데다가 흔들리기까지하는 우주선 안에서 옷을 갈아입으려니 너무 힘들었어. 게다가 태양열에 캡슐이 뜨겁게 데워져서 무척 더

웠어. 땀도 많이 나고 숨이 막혀서 질식할 뻔했다니까. 너무 답답해서 나도 모르게 우주선의 해치를 열려고 손잡이에 손을 댔어. 그러자 구조선에서 모니터를 지켜보던 미하일 교관님의 날카로운 음성이 스피커로 흘러나왔어.

"송별! 그대로 정지! 뭐 하는 거냐! 지금 해치를 열면 바닷물이 들어가잖아. 해상 구명복으로 갈아입기 전에 절대 문을 열면 안 돼!"

아차, 그렇지. 나는 어쩔 수 없이 땀을 뻘뻘 흘리면서 옷을 갈아입어야 했어. 에고, 나 죽는다. 역시 이 훈련도 쉽지 않았어. 내가 어리바리하게 헤매는 바람에 다른 우주인 아저씨들이 날 도와주느라 시간이 한없이 지체되었어. 세 명 모두 해상 구명복으로 갈아입고 밖으로 나오기까지 무려 1시간이나 걸렸지. 우리는 파도에 쓸려 멀어지지 않도록 끈으로 발을 묶어 서로를 연결한 뒤 통신기로 위치를 알렸어. 곧 구조선이 다가왔고 이걸로 훈련은 끝. 기절하지도 않고, 토하지도 않고, 야단도 겨우 한 번밖에 맞지 않았으니, 비교적 성공적인 훈련이라고 할 수 있겠지?

정말 기뻤던 일은 생존 훈련을 다 마치고 자유 시간이 생긴 거였어. 근처 농장에도 가고, 미술관에도 다녀왔어. 요트를 타고 돌고래 떼를 쫓기도 했지. 예비 우주인인 아유미랑도 즐거운 시간을 보내면서 많이 친해졌어. 아무리 친하다고 해도 첫 어린이 우주인의 영광을 넘길 수는 없지만 말이야. 훈련이 거듭될수록 우주로 가야겠다는 다짐은 더 단단해지고 있었어.

유튜브로 우주여행
소유스 귀환 모듈에서 나와 구조대가 도착할 때까지 생존 훈련하는 모습을 볼 수 있어. (출처:ESA)

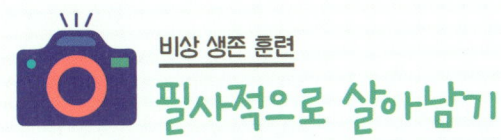
비상 생존 훈련
필사적으로 살아남기

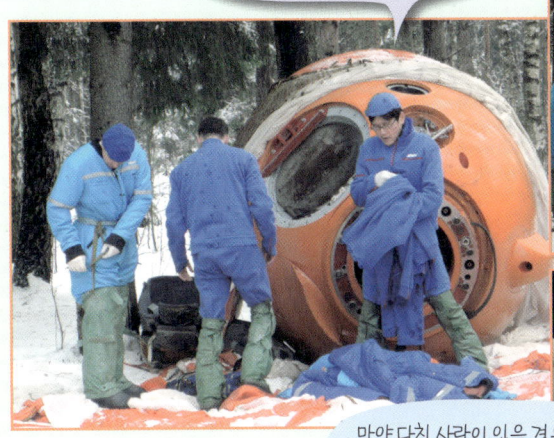

착륙 지점에서 멀리 떨어진 곳에 착륙했을 때, 당황하지 말고 불편한 우주복을 벗고 비상복을 입어.

구조대가 늦어질 때는 텐트를 만들고 불을 지펴서 체온을 보호해야해.

만약 다친 사람이 있을 경우 우주선의 의자를 이용해서 우주인을 옮겨.

으악! 우주선이 강이나 바다에 착수했다고? 우주선 안에서 해상 비상복으로 갈아입은 뒤 우주선 밖으로 나와야해. 이 옷은 우주인의 체온을 보호하고 물에서 오랜 시간 떠 있게 해 줘.

▶ 우주복 맞추기

우주복의 놀라운 비밀

 우주 탐사 요원 쏭스타   구독 54,200명

　오늘은 소콜 KV-2란 우주복을 맞추기 위해 즈베즈다 연구소로 갔어. 러시아에서는 우주인별로 맞춤 우주복을 입는대. 이 세상에 하나뿐인 나를 위한 우주복! 생각만 해도 멋지지 않아? 나는 한껏 부푼 마음으로 연구소를 향해 출발했어. 즈베즈다 연구소는 스타 시티에 있지 않고 모스크바에서 동쪽으로 10킬로미터 정도 떨어진 곳에 따로 있었어.

연구소에 도착하니 연구원이 내복 같은 흰옷을 내밀며 갈아입으라고 했어. 치수를 재는데 왜 이런 내복을 입어야 하지? 이럴 때는 미하일 교관님이 필요해!

"교관님!"

"그래, 송별! 뭐가 또 문제냐?"

"줄자로 몸 치수를 재는데, 이 내복은 왜 입어야 하죠?"

"다 이유가 있다. 그나저나 화장실이나 다녀와. 꽤 오래 걸리니까."

그 궁금증은 금방 풀렸어. 치수를 재는 곳에는 자그마한 욕조가 놓여 있었는데, 그 욕조에 누우라는 거야. 그것도 다리를 오므려 마치 엄마 배 속에 있는 아기처럼 구부린 자세로 있어야 했어. 겨우 자세를 취하고 기

다리는데, 우주복 연구원이 다가오더니 내게 차가운 액체를 부어 버렸어. 나는 너무 차가워서 진저리를 쳤지. 우주복 연구원은 잠시만 있으면 석고로 굳을 거라고 나를 안심시켰어.

"송별, 엄살떨지 말고 가만히 있어. 석고로 네 몸의 정확한 틀을 만드는 거야. 소유스 우주선은 크기가 작아 다리를 펴고 앉을 수 없어. 그리고 우주선이 발사되거나 지구로 돌아올 때는 높은 중력을 받기 때문에 지금 너처럼 누워 있는 자세가 중력을 이겨 내기에 가장 적합하지. 특히 소유스 우주선은 땅에 충돌하듯이 착륙하기 때문에 몸이 움직이지 않도록 몸에 꼭 맞는 충격 완화용 의자도 제작해야 해."

석고가 다 마르자 담당자가 와서 나를 크레인으로 끌어냈어. 딱딱하게 굳어진 석고 틀 속에서 손가락 하나 까딱하지 못하고 가만히 있으려니 정말 괴로웠어.

석고로 만든 틀로는 우주선 의자에 놓일 쿠션까지 만든다고 해. 내 몸에 꼭 맞는 우주복과 몸을 받쳐 줄 쿠션이 생긴다고 생각하니 벌써 우주에 가 있는 것처럼 가슴이 두근거렸어. 특히 내가 만든 소콜 KV-2 우주복은 걸을 때 필요한 것이 아니라, 의자에 앉은 자세에 적합하게 제작돼. 나중에 이 우주복을 입고 서 있으면 반듯하게 서지 못하고 침팬지나 원숭이처럼 구부정하게 서게 돼. 이제야 비로소 소콜 우주복을 입고 서서 찍

은 선배 우주인들의 모습이 엉거주춤 어색했던 이유를 알 것 같았어.

그 후로 며칠이 지나자 즈베즈다 연구소에서 보낸 우주복이 도착했어. 우주복을 입는 방법과 우주복 사용법을 배우는 훈련이 시작되었지.

"우주복은 만약 우주선이 고장 날 경우 너의 생명을 보호하는 최후의 방어선이다. 따라서 이 우주복은 발사할 때, 궤도 이동할 때, 도킹할 때, 지구로 귀환할 때 꼭 입어야 한다. 원래 소유스 우주선이 처음 개발되었을 때는 이런 우주복이 없었다. 그래서 1971년 소유스 11호가 귀환하던 도중 우주선의 공기가 새는 바람에 세 명의 우주인이 목숨을 잃고 말았지. 이후 이런 사고가 다시는 일어나지 않도록 소콜 우주복을 개발한 것이다."

미하일 교관님의 설명에 따르면 우주복의 가장 중요한 기능은 밀폐라고 해. 그래서 우주선 안이 진공이 되더라도 이 우주복만 입고 있으면 살 수 있대. 우주복은 무게가 10킬로그램이나 되고, 완전 밀폐되어 있어. 공기는 우주복 옆구리에 있는 호스를 통해서 들어오고, 우주복 안의 기압은 가슴에 달려 있는 밸브를 통해 조절해. 우주복을 입고 있으니 더워서 죽을 것 같았어. 다행히 우주복 안으로 바람을 넣어서 몸을 식혀 주는 간이 송풍기가 있어. 우주인들은 이동할 때마다 이 송풍기를 꼭 들고 다닌대.

그런데 이 우주복이 얼마인 줄 알아? 난 가격을 듣고 놀라서 눈이 튀어나오는 줄 알았어. 우리 돈으로 수억 원이나 한대. 내가 지금까지 입어 본 옷 중에 가장 비싼 옷이야. 아마 평생 이보다 더 비싼 옷은 입어 보지 못하겠지.

우주복을 입고 이용법에 대해 열심히 배우고 있는데, 화장실에 너무 가고 싶은 거야. 그래서 교관님께 화장실 좀 다녀오겠다고 귓속말로 작게 이야기했어.

"송별, 그냥 싸라."

"교관님, 정말 화장실에 가고 싶어서 그래요. 빨리 다녀올게요."

"내 말 못 들었나? 그냥 싸라니까!"

미하일 교관님이 큰 소리로 반복해서 말했어. 나는 너무 창피해서 얼굴이 불타는 고구마처럼 달아올랐어. 같이 교육을 받던 우주인 아저씨들도 아유미도 내 모습을 보고 오히려 재미있다며 키득거렸어. 그런데 알고 보니 미하일 교관님은 정말 진심으로 싸라는 말이었대. 우주복 안에 입는 내복에는 기저귀 같은 팬티가 들어있어서 800밀리리터 정도의 소변을 흡수할 수가 있어. 우주복을 다시 벗고 화장실에 갈 바에야 싸는 것이 낫다고 생각한 거지. 미하일 교관님은 정말 나랑 안 맞아. 차근차근 조용히 얘기해 주면 됐을 텐데, 그걸 큰 소리로 이야기해서 국제 망신을 줄 게 뭐람.

유튜브로 우주여행
캐나다의 우주 비행사 크리스 해드필드가 러시아의 소콜 KV-2 우주복을 설명하는 모습. 우주복을 밀폐하는 중요한 장치가 그냥 고무줄이라는 게 놀라워. (출처:CSA)

입는 우주선, 우주복
소콜 KV-2에서 선외 우주복까지

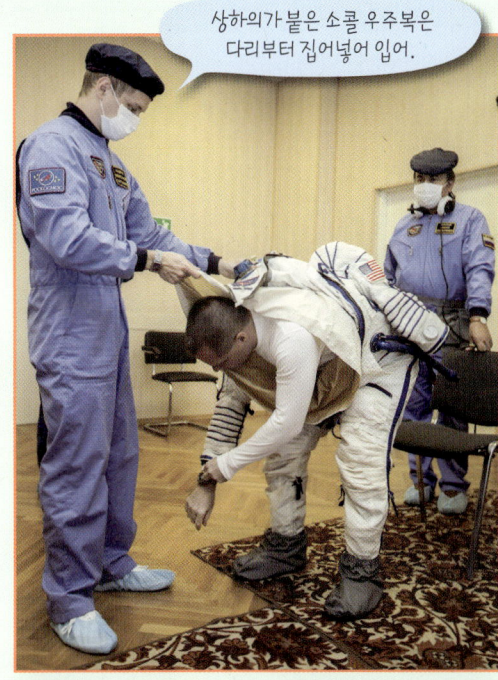

상하의가 붙은 소콜 우주복은 다리부터 집어넣어 입어.

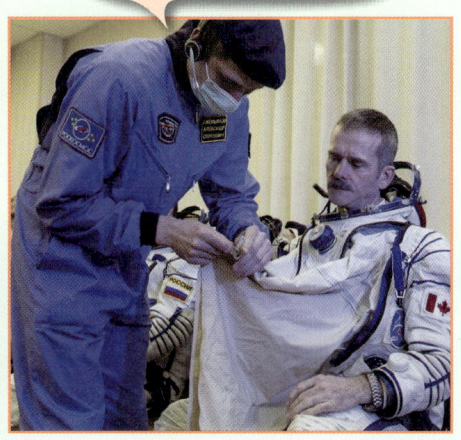

우주복의 공기가 새지 않도록 가슴 부분을 고무줄로 꽁꽁 묶어야 해.

우주 정거장 안에서는 반팔 차림으로 생활할 수 있지만 우주 밖으로 나가려면 선외 우주복을 입어야 한단다. 우리가 입어 주기만을 기다리고 있는 우주복 보이지?

로켓과 우주선은 무엇이 다를까?

본격적인 우주선 조작 훈련이 시작되었어. 훈련을 받으러 시뮬레이터 건물로 들어갔어. 직접 우주선을 타 보는 것은 이번이 처음이야. 지금까지는 이론 교육만 받았거든. 실물과 똑같은 훈련용 우주선이 있다고 해서 기대를 많이 했지. 그런데 내가 상상한 우주선은 어디에도 없었어. 그곳에는 종처럼 생긴 초라한 우주선만 덩그러니 놓여 있었어.

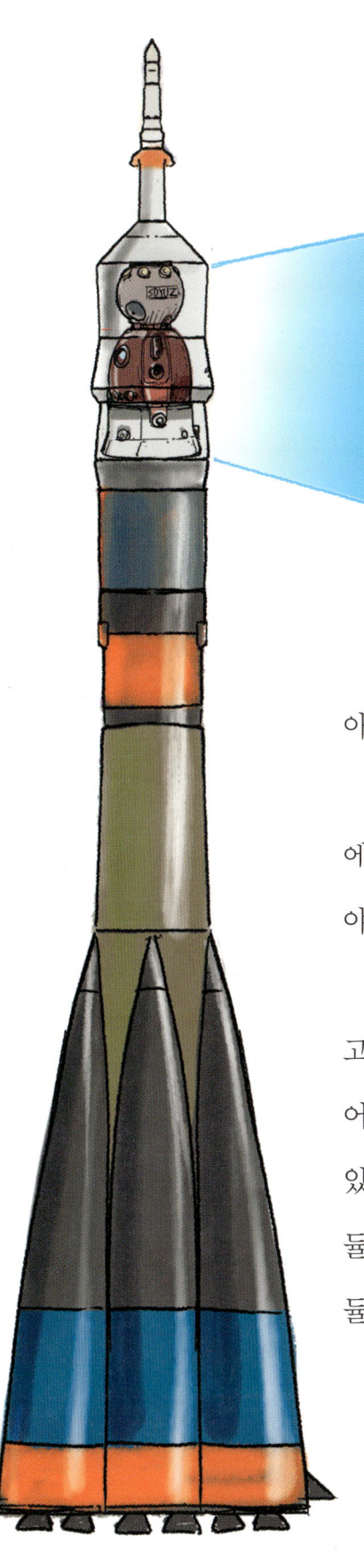

"미하일 교관님, 이 조그만 게 어떻게 우주로 날아가요? 엔진도 없는데……."

"송별, 너는 우주선과 로켓도 구별 못해? 우리 눈에 보이는 거대한 우주선의 모습은 대부분 로켓이야. 실제 우주선은 그 끝에 달려 있지."

나중에 시뮬레이터 교관님의 자세한 설명을 듣고 나서야 소유스 우주선의 구조를 이해하게 되었어. 소유스 우주선은 서로 다른 세 부분이 결합해 있는데, 전체 길이는 약 7미터 정도야. 앞은 궤도 모듈, 그다음이 귀환 모듈, 마지막은 기계 및 추진 모듈이야. 내가 타는 곳은 중간에 있는 귀환 모듈이지.

이 귀환 모듈은 지름이 2.2미터에 높이가 2.24미터밖에 안 되는 정말 비좁은 곳이야. 이 좁은 공간에 우주인 세 명이 타는 거지. 이뿐 아니라 조종에 필요한 장치, 낙하산, 비상용 장비까지 꽉 들어찬다고 생각해 봐. 휴, 가슴까지 답답해진다.

이 때문에 우주인이 되려면 키가 너무 커선 안 돼. 190센티미터가 넘거나 앉은키가 99센티미터를 넘으면 우주선에 탈 수가 없어. 키가 150센티

미터보다 작아도 안 되는데 난 다행히 152센티미터라 겨우 턱걸이로 통과했지. 몸무게도 제한이 있냐고? 당연하지. 95킬로그램을 넘으면 안 되고 발바닥 크기도 295밀리미터가 넘으면 안 돼. 미국의 우주선에 비해 좀 더 까다로운 편이라고 해. 이쯤 되면 궁금해지는 것이 있지 않아?

"미하일 교관님, 우주선을 좀 더 크게 만들면 되잖아요."

"우주선을 크게 만들려면 로켓의 성능을 더 높여야 하기 때문에 쉽게 할 수 있는 일이 아니야. 다행히 별이 네가 타게 될 소유스는 그동안 타지 못했던 키가 크거나 작은 우주인도 탈 수 있도록 만든 최신 우주선이다. 이것을 소유스 TMA라고 부른단다."

나는 귀환 모듈에 탑승해서 실제처럼 발사, 궤도 이동, 도킹, 귀환, 착륙 등 일어날 수 있는 모든 상황을 가정하고 반복해서 훈련을 받았어. 우주선 조작은 대부분 선장님이나 비행 엔지니어가 했고, 나는 다른 두 명을 보조하는 간단한 역할만 연습했어. 소유스 우주선뿐 아니라 러시아의 우주 정거장 모듈에서도 여러 가지 모의 훈련을 받았어. 우주선과 로켓에 대해 제대로 알 수 있었지.

나를 우주로 데려다 줄 로켓은 소유스 FG야. 우리가 탈 로켓을 만드는 곳은 '프로그레스 우주 로켓 센터'인데, 그곳에 찾아 가서 실물도 봤어. 미하일 교관님은 로켓에 대해서도 아주 잘 알고 있었어.

"이 우주 로켓은 1957년 세계 최초의 인공위성 발사나 1961년 세계 최초의 유인 우주선 발사에 사용한 로켓과 기본적으로는 같은 구조이다. 현재까지 계속 발전시키며 무려 60년 넘게 사용하고 있지. 우주선을 실었을 때 높이는 51미터, 둘레는 약 10미터, 무게는 310톤 정도이다. 소유스 로켓은 연료로 케로신과 액체 산소를 사용하는데, 공기가 없는 우주에서도 액체 산소로 케로신을 태워서 추진력을 만들지."

"미하일 교관님, 케로신이 뭔가요?"

"음, 한국에서는 등유라고 부르지."

"그렇구나. 우리 집 보일러도 등유 써요. 그럼 이 로켓은 거대한 보일러 통이네요? 헤헤헤."

"송별, 한 번이라도 좀 진지할 수 없겠냐? 쯧쯧쯧."

교관님은 나를 한심하게 바라보면서 설명을 계속했어.

"소유스 로켓은 모두 3단으로 되어 있다. 1단은 네 개의 로켓으로 이루어져 있는데, 가운데에 있는 2단 로켓을 중심으로 붙어 있지. 2단 로켓은 출발할 때 1단 로켓과 함께 불이 붙어 추진을 하게 된다. 하지만 2단이 1단보다 연료를 많이 가지고 있어서 1단이 분리된 후에도 계속 작동한다. 3단 로켓은 우주선이 지구 궤도를 돌기 위해 필요한 속도와 고도를 만들기 위해 필요한 힘을 보태는 역할을 하지. 이처럼 로켓은 발사 후 차례대로 분리하면서 로켓의 속도를 높여, 우주선이 지구 궤도를 비행할 수 있는 시속 28,000킬로미터에 이른단다. 한국의 KTX 열차보다 90배나 빠르지."

내가 탈 우주선의 속도가 KTX 열차의 90배라니! 세상에서 가장 빠르게 움직이는 사람이 되는 거겠네. 슈퍼맨보다도 빠른 거 아냐?

유튜브로 우주여행
우주 비행사 안드레아스 모겐센과 토마스 페스케가 소유스 시뮬레이터에서 훈련하는 모습. 소유스 귀환 모듈 크기가 정말 작아. (출처:ESA)

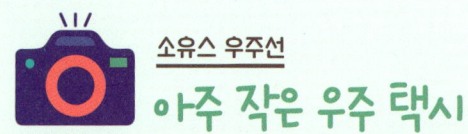

소유스 우주선
아주 작은 우주 택시

소유스 우주선의 조종실인 귀환 모듈이야. 너무너무 좁아 보이지? 이래 봬도 3명의 우주인과 낙하산, 비상 생존 장비가 다 들어가.

딱 붙어 앉아 셋이 친해질 기회야!

페어링(보호 덮개)이 공기 저항을 줄이기 위해 우주선을 감싸고 있어.

우주선은 우주의 온도 변화로부터 보호하는 옷을 입고 있지.

궤도 모듈 (생활공간)

귀환 모듈 (조종공간)

이곳이 소유스 우주선으로 들어가는 문이야.

소유스 로켓
세상에서 가장 안전한 로켓

로켓이 폭발할 경우 우주선을 비상 탈출시키는 로켓이 페어링 위쪽에 달려 있어.

러시아의 소유스 로켓은 가장 오랫동안 사용하고 있는 로켓이야. 구식이지만 무척 안전해.

러시아의 로켓을 이용하던 미국은 '스페이스 X'의 '팰콘 9' 로켓으로 케네디 우주 센터에서 우주 비행을 진행해.

▶ 바이코누르 우주 발사 기지

우주인의 별별 전통

 우주 탐사 요원 쏭스타　　　　구독 685,004명 👍 ↗

　어린이 우주인에 뽑혀 러시아에 온 지 벌써 1년이라는 시간이 흘렀어. 나는 모든 훈련을 마치고 가가린 우주 센터에서 바이코누르 우주 기지로 향하는 비행기에 올랐어. 훈련에는 합격했냐고? 미하일 교관님 말로는 내 훈련 성적이 겨우 낙제를 면했대. 어쨌든 정말 다행이지. 만약 탈락해서 한국으로 돌아갔다면 국제적인 망신을 당했을 거야.

바이코누르 우주 기지는 러시아가 아니라, 카자흐스탄 공화국에 있어. 이곳은 1955년에 완성되었는데 대형 발사대가 9개나 있는 세계 최대의 우주선 발사 기지야.

"교관님, 가가린 우주인 훈련 센터에서 우주선을 발사하지 않고, 이렇게 먼 곳까지 가는 이유가 뭔가요?"

"송별, 그런 기초적인 질문을 하다니 역시 훈련 과정을 꼴찌로 졸업한 학생답구나. 바이코누르 발사 기지는 주변에 사람이 살고 있지 않아서 로켓의 빈껍데기가 낙하하더라도 피해가 없지. 1년 내내 날씨가 좋아서 로켓을 발사할 수 있는 자연조건도 갖추고 있고. 이런 건 수업 시간에 다 가르쳤는데 말이다?"

나는 얼른 잠든 척 눈을 감았어.

우리 일행은 카자흐스탄에 도착해 발사 기지 근처 레닌스키 마을로 갔어. 여기에 있는 우주인 전용 호텔에 2주간 머물면서 마지막 훈련을 해야 해. 도착한 첫날에는 호텔 앞에 있는 국기 게양대에 내 손으로 자랑스러운 태극기를 걸었어. 펄럭이는 태극기를 보니까 가슴이 찡했어. 대한민국, 아니 세계 최초의 어린이 우주인이 된다는 감격 때문에 그날 밤은 잠도 오지 않더라고.

우주인 호텔과 우주 발사 기지를 오가며 마지막으로 여러 가지 훈련을 받았어. 우주선에 탑승하기 전 마지막 점검이었지.

그렇게 2주가 흐르고 발사일은 드디어 내일로 다가왔어. 호텔 안 회의실에서 국가 유인 비행 심사 위원회가 열렸어. 심사 위원과 우리 사이는 유리벽으로 막혀 있었어. 아무리 병균으로부터 우리를 보호한다지만, 격리되어 앉아 있으니까 동물원의 원숭이가 된 듯한 느낌이었어. 그 자리에서 발사 시간이 정해졌는데, 4월 8일 오전 11시 13분이고, 우주선은 소유스 TMA-12호로 결정됐어.

마지막 저녁 식사를 마치고 내 방으로 가려는데, 미하일 교관님이 날 불러 세웠어.

"송별, 지금 호텔에 있는 영화관으로 가 봐라."

"전 영화 보고 싶은 마음이 없어요. 그냥 방에 가서 쉴래요."

"넌 어떻게 끝까지 일관성 있게 말을 안 듣지? 발사 전날 러시아 영화를 보는 것이 우리 우주인의 전통이다, 전통!"

나는 하는 수 없이 영화관에 들어갔어. 영화는 〈사막의 흰 태양〉이란 제목의 전쟁 영화였어. 영화를 보면서 우주인끼리 협동심을 다지고 의욕을 높이라는 뜻이라는데, 옛날 영화이고 내용도 어려워서 꾸벅꾸벅 졸다가 내 방으로 돌아왔어.

호텔 방에서 창문 밖을 내다보니 날씨가 맑은 탓인지 수많은 별들이 반짝이고 있었어. 나는 밤하늘을 올려다보며 속으로 생각했지.

'내일이면 나는 저 별들 사이를 날고 있겠지. 빨리 갈 테니 기다려라.'

새벽 5시 30분. 늦잠꾸러기인 내가 이렇게 일찍 일어나다니, 스스로 생각해도 무척 대견했어. 잠시 후에 우주로 간다고 생각하니 너무 긴장이 되어 아침 식사도 하는 둥 마는 둥 마치고 방으로 돌아왔어. 이제 문에 사인을 해야 해. 러시아 우주인의 전통 중 하나인데, 우주로 가는 날 호텔에 사인을 남긴대. 이 호텔 301호에 한국인 최초의 우주인 이소연 선배님의 사인도 남겨져 있다고 해서 구경하러 갔어. 이름 옆에 꽃도 그렸더라고. 이럴 줄 알았으면 나도 내 멋진 얼굴을 그릴 걸 그랬어. 아쉬워하는 나를 지켜보던 미하일 교관님이 이야기했어.

"송별, 힘든 훈련을 마치고 네가 우주로 간다니 정말 자랑스럽다. 그동안 수고 많았다. 꼭 임무를 완수하고 무사히 귀환하길 바란다."

"교관님, 정말 고맙습니다. 그동안 제가 너무 말썽피워서 죄송해요. 우주에서는 진짜 열심히 할게요."

오전 8시 27분, 우리는 소유스 조립동에 도착했어. 우주복을 점검하고 간단한 간식을 먹었어. 이 간식을 '지구에서의 마지막 식사'라고 부른대.

선서를 하러 공장 밖으로 나갔더니 많은 사람들이 와서 박수를 치면서 우리를 환영해 주었어. 멀리 부모님이 서 있는 것이 보였어. 아유미도, 김수성 연구원 아저씨도 있었지. 여전히 선글라스를 쓴 미하일 교관님도 보였어. 가슴이 벅차오르고 너무 감격스러워서 눈물이 나오려고 했지만 꾹 참았지. 생방송으로 한국에 중계되고 있다는데, 우는 모습을 보일 수는 없으니까. 우리 비행 팀의 콜로코프 선장님이 대표해서 큰 목소리로 선서를 했어.

"우주 비행의 모든 준비를 갖추었습니다. 지금부터 출발합니다."

소유스 TMA-12호에는 러시아의 콜로코프 선장님, 미국의 리처드 비행 엔지니어 그리고 내가 탑승해. 우리 셋은 버스에 올라서 발사대를 향해 출발했어. 조립동에서 발사대까지는 15분 정도 걸려. 두근거리는 가슴이 진정되지 않아서 의자 깊숙이 몸을 묻고 있었는데, 갑자기 버스가 멈췄어. 버스가 고장이라도 난 건지 걱정하고 있는데, 앞에 앉아

우주 비행 준비 끝~!

있던 콜로코프 선장님이 버스에서 내렸어. 리처드 비행 엔지니어도 따라 내리고.

"쏭, 너도 내리렴."

선장님의 말에 나는 영문도 모른 채 따라 내렸지. 그런데 곧 내 두 눈이 멀쩡한 건지 의심하게 하는 일이 벌어졌어. 선장님과 비행 엔지니어가 버스 뒤편에서 우주복의 지퍼를 내리더니 버스 타이어에 오줌을 누는 거야. 아, 깜짝이야. 노상방뇨를 하다니. 우리 일행이라는 게 부끄러워져서 얼굴까지 열이 올랐어. 그런 나를 보고 옆에 있던 의사 선생님이 웃으며 말했어.

"쏭, 이건 세계 최초의 우주인인 가가린 때부터 내려온 러시아 우주인만의 전통이란다. 너도 소변을 보렴. 앞으로 발사된 뒤 궤도를 한 바퀴 도는 4시간 동안은 화장실에 갈 기회가 없단다. 네가 입고 있는 기저귀용 팬티에 싸고 싶진 않겠지. 그러니 어서!"

나까지 이 희한한 '의식'을 치르고 버스로 돌아오니, 선장님이 대견하다는 듯 내 등을 두드려 주었어. 어느덧 버스는 발사대 앞의 너른 광장에 도착했어.

버스에서 내려 하늘을 올려다보니 눈앞에는 우리가 탑승할 소유스 TMA-12호를 실은 거대한 소유스 FG 로켓이 발사대에 자리를 잡고 있었어. 웅장한 로켓은 하얀 안개에 싸인 채 나에게 이렇게 말하는 것 같았어.

'네가 별이니? 난 너를 저 멀리 우주까지 데려갈 소유스 로켓이야. 지금까지 수많은 우주인들을 저 하늘 너머까지 데려갔단다. 이제 준비가 끝났어. 나와 함께 가지 않겠니?'

순간, 이 말에 답을 하듯이 내 가슴이 쿵쾅거리면서 격렬하게 고동치기 시작했어.

유튜브로 우주여행
소유스 우주선의 발사 당일 모습. 호텔에서 발사대까지 가는 모든 과정을 볼 수 있어. (출처:ESA)

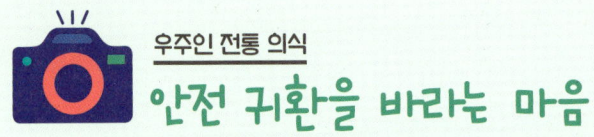
우주인 전통 의식
안전 귀환을 바라는 마음

난 러시아정교회 신부야.
우주 비행 출발 전에
안전한 비행을 기원하는
의식을 하고 있어.

우주인은 자신이 머물렀던 숙소의 문에
사인을 남겨. 오른쪽 팔꿈치 아래에
이소연 우주인 사인도 보이지?
자랑스러운 한글이네.

우주선 타는 날
마지막 점검하고 이동하기

위기의 순간 우주인을 보호해야 할 우주복에 공기가 새면 큰일이지. 탑승 전에 공기가 새는 곳은 없는지 압력 상태를 확인하고 있어.

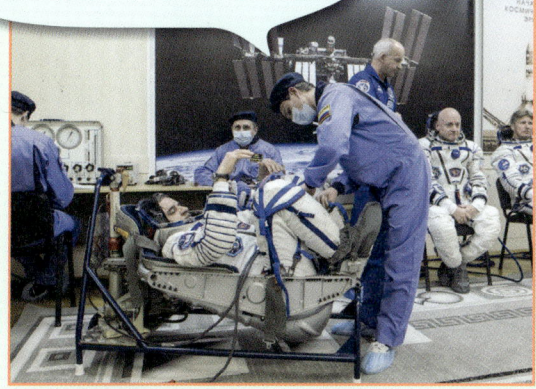

아빠 잘 다녀올게! 세균 감염을 예방하기 위해 마지막 인사도 유리문을 사이에 두고 해.

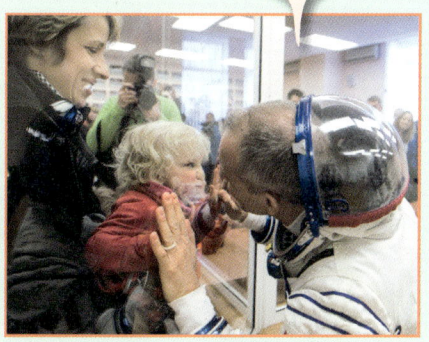

잘 다녀오겠습니다! 책임자에게 우주로 출발할 준비가 되었다는 걸 보고하고 출발해.

발사대로 이동하는 버스 안이야. 잠시 후에 내려서 오른쪽 뒷바퀴에 소변을 보는 전통 의식을 할 거야. 발사대 주변에 화장실이 없어서 생긴 재밌는 전통이지.

소유스 로켓, 우주로 발사!

 우주 탐사 요원 **쏭스타** 구독 3,562,004명

 발사대에서 우주선에 탑승하기 위해 기다리고 있는 동안, 조금 무서운 생각이 들었어. '혹시 로켓이 발사될 때 폭발해 버리면 어떡하지?' 하는 생각 말이야.

 왜 그런 생각을 하게 됐냐고? 미국의 우주 왕복선 챌린저호는 1986년 1월에 발사대를 떠나자마자 폭발해 버렸어. 내 앞에 있는 로켓은 무게가

300톤이 넘는데, 이중 연료의 무게만 253톤이야. 이 많은 연료가 한꺼번에 폭발한다고 생각해 봐. 정말 위험하지.

내가 불안해하는 것을 눈치챘는지 콜로코프 선장님이 말을 걸었어.

"쏭, 얼굴빛이 좋지 않은데 무슨 일 있니?"

"선장님, 발사 직전에 이런 말을 해서 죄송한데요. 우리가 탑승할 로켓이 혹시 폭발해 버리면 어쩌죠? 엄청 걱정돼요."

"그건 걱정하지 않아도 된단다. 이 소유스 로켓에는 우주선을 비상 탈출시키는 장치가 있어. 1983년에 소유스 T-10 A호가 발사될 때 사고가 생겼지. 그때 비상 탈출 장치를 작동해서 안전하게 탈출했단다. 어때? 이런 안전장치가 있다고 생각하니 안심이 되지?"

옆에서 얘기를 듣고 있던 비행 엔

지니어인 리처드 아저씨도 대화에 끼어들었어.

"우주 비행에서 가장 위험한 순간은 로켓이 발사될 때란다. 솔직히 말하면 이 아저씨도 속으로는 많이 떨고 있어."

아저씨도 떨고 있다고? 나만 불안해하는 것이 아니었잖아. 아저씨 역시 무섭다는 말을 듣고 나니까 왠지 모르게 안심이 됐어.

"발사 통제 센터에서는 발사 관제관이 잠망경을 통해 이 소유스 로켓을 유심히 관찰하고 있단다. 만약 소유스 로켓에 위험 신호가 감지되면 비상 탈출 장치를 작동하도록 로켓에 신호를 보낼 거야. 그러면 비상 탈출 로켓이 점화되면서 궤도 모듈과 귀환 모듈이 들어 있는 보호 덮개가 소유스 로켓으로부터 떨어져

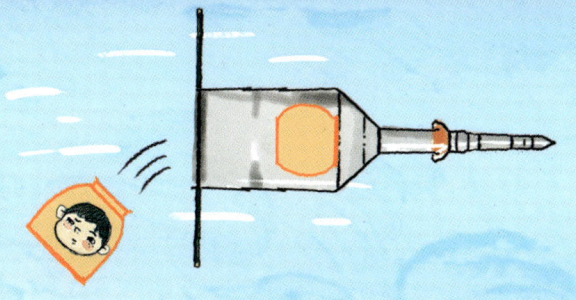

나가지. 안전한 거리만큼 떨어지면 귀환 모듈이 분리되면서 낙하산을 펼치고 착륙할 거야."

"리처드 아저씨, 만약 우리가 그런 상황에 처하면 저는 무엇을 해야 하나요?"

"선장님을 비롯해서 우리 모두…… 할 일이 없단다. 이 모든 게 자동으로 이루어지거든."

선장님과 리처드 아저씨의 설명을 들으니, 마음속 불안감이 사라진 느낌이야. 대신 할 수 있겠다는 자신감이 생겨났어.

발사 2시간 전, 발사대 계단에서 기술자들과 마지막 작별 인사를 했어. 콜로코프 선장님, 리처드 아저씨와 나는 마치 새장처럼 생긴 낡은 엘리베이터를 타고 소유스 우주선 탑승구를 향해 올라갔어. 아래에서 우리를 향해 손을 흔드는 사람들 모습이 점

점 작아졌어. 난 마음속으로 힘 나는 구호를 외쳤지.

'이제 드디어 우주로 간다. 아자! 아자! 아자!'

지상에서 37미터쯤 올라오자 탑승구에 도착했어. 우주복의 헬멧 부분에 붙어 있던 보호 필름을 떼어 내고 보호 신발을 벗었어. 문을 열고 우주선으로 들어가려고 하는데, 뒤에서 선장님이 내 어깨를 잡았어.

"쏭, 우주로 빨리 가고 싶은 마음은 알겠지만, 순서에 맞춰서 탑승해야지?"

이런, 마음이 급하다 보니까 실수를 하고 말았어. 우주선에는 원래 비행 엔지니어가 가장 먼저 탑승하거든. 비행 엔지니어가 먼저 들어가서 귀환 모듈의 승무원 구역을 최종 점검하고 왼쪽 의자에 눕고 난 후 탑승 과학자인 내가 들어가 오른쪽 의자에 눕게 되어 있어. 그리고 마지막으로 콜로코프 선장님이 들어와 중앙 의자에 누우면 탑승 완료.

말이 나왔으니 말인데, 우주선에 들어가는 과정이 얼마나 복잡한 줄 알아? 우선 궤도 모듈의 옆에 나 있는 작고 둥근 해치를 통해 들어간 후, 발 아래쪽에 있는 해치를 통해 귀환 모듈로 들어가 앉아야 해. 안전벨트는 기본이고, 무릎이 벌어지지 않도록 무릎 고정대까지 착용해야 해.

우리는 순서대로 우주선에 탑승했어. 잠시 뒤 모든 문이 닫히고, 우주선 안에는 우주인들만 남았어. 내 옆으로 조그마한 창문이 있었지만 로켓에 덮인 보호 덮개 때문에 아직은 아무것도 보이지 않았지. 아직 발사 2시간 전이야.

우리는 남은 시간 동안 정해진 순서에 따라서 우주선 안의 각종 장비를 점검했어. 주로 선장님과 비행 엔지니어의 업무이고, 나는 TV 카메라 같은 간단한 몇몇 장비만 살펴보았지. 그 과정이 끝나자 우주선 안의 스피커에서 관제 센터에 있는 미하일 교관님의 목소리가 들려왔어.

"송별, 미하일 교관이다. 긴장하지 말고 최선을 다해라. 훈련 기간 동안 배운 대로만 하면 된다. 알겠지?"

난 큰 목소리로 외쳤어.

"네, 알겠습니다! 걱정 붙들어 매세요."

그러자 옆에 있던 선장님과 리처드 아저씨가 크게 웃음을 터뜨렸어.

이제 발사 30분 전. 소유스 로켓을 감싸고 있던 서비스 구조물이 꽃잎처럼 펼쳐지기 시작했어.

발사 15분 전, 우주 비행의 모든 과정을 기록하는 비행 기록 장비가 작동하기 시작했지.

발사 6분 전, 자동 발사 장치의 컴퓨터가 작동하기 시작했어.

발사 2분 전, 연료 펌프가 작동하기 시작했어.

발사 20초 전, 추진제가 연소실로 들어가면서 불꽃을 만들어 내기 시작했어. 소유스 로켓의 1단과 2단 로켓이 점점 더 추진력을 증가하고, 로켓을 붙잡고 있던 고정 장치가 떨어져 나가면서 로켓이 발사대를 떠나기 시작해.

발사!

마침내 4월 8일 오전 11시 13분, 세계 최초의 어린이 우주인을 태운 소유스 로켓이 오렌지색 불길과 흰 연기를 뿜으며 우주를 향해 출발했어. 처음에는 발사되고 있다는 걸 실감할 수가 없었어. 하지만 잠시 후 진동이 커지면서 차가 자갈길을 달릴 때처럼 우주선이 떨리기 시작했어. 점차 중력 가속도가 강해져 눈을 뜨고 있는 것조차 괴로워졌지.

발사 1분 10초 후, 고도 46킬로미터에 이르자 가장 높은 중력 가속도인 4.3지에 도달했어. 몸이 무거워졌지만 중력 가속도 훈련 덕분에 참고 견딜 수 있었지. 고도가 49킬로미터에서 1단 로켓이 분리되자 중력 가속도는 다시 줄어들었어.

발사 2분 38초 후, 고도가 84킬로미터에 이르자 우주선을 덮고 있던 보호 덮개가 분리됐어.

발사 4분 48초후, 2단 로켓까지 분리되었지.

발사 8분 49초가 지나자 마지막 3단 로켓이 분리되고 머리 위에 걸어 놓은 인형들이 공중으로 떠오르기 시작했어. 우리는 고도 200~250킬로미터의 지구 궤도에 진입한 거야. 드디어 우주에 도착한 거지.

'만세! 세계 만세! 대한민국 만세! 송별 만세!'

난 기쁜 나머지 속으로 만세를 마구 외쳤어. 나도 모르게 뺨에는 한줄기 뜨거운 눈물이 흘러내렸어.

유튜브로 우주여행
소유스 MS-9호의 발사에서부터 궤도 진입까지의 모습. 이 우주선에는 미국과 러시아, 유럽의 우주 비행사가 탔어. (출처:ESA)

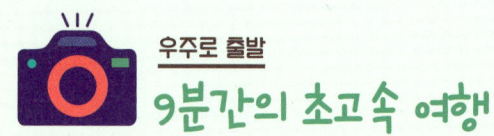

우주로 출발
9분간의 초고속 여행

러시아의 우주 로켓은 조립동에서부터 발사대까지 눕힌 채 기차로 운반해.

발사 2시간 전! 우주선에 탑승할 시간이야.

소유스 로켓의 1단 분리 직전 우주인들은 잠깐이지만 지상에서보다 4배나 큰 중력을 느끼게 되지.

우주 정거장에 도킹
6시간 혹은 이틀간의 추적

시속 28,000km의 속도로 400km 높이에서 돌고 있는 우주 정거장과 만나려면 정밀하게 비행해야 해. 우주 정거장과 가까워지는 것은 랑데부, 결합하는 것은 도킹한다고 해.

소유스 우주선의 복잡한 도킹 과정은 러시아의 미션 컨트롤 센터에서 맡아서 자동으로 이루어져.

우주 탐사 요원 **쏭스타**   구독 5,600,000명

"쏭, 아까부터 계속 창문만 보고 있던데, 우주에 올라와서 지구를 보니 느낌이 어때?"

"정말 지구가 파랗게 보여요."

"그래, 세계 최초의 우주인인 유리 가가린이 처음 우주에 올랐을 때 '지구는 푸르다.'라는 유명한 말을 남겼지. 정말 아름다워 보이지 않니?

지구를 둘러싸고 있는 엷은 파랑 부분이 보이지? 바로 그게 지구의 대기층이란다. 저 대기층 덕분에 사람과 모든 생물이 지구에서 살 수 있는 거야."

선장님의 말을 듣고 지구를 바라보니 정말 경이롭게 느껴졌어. 소유스 우주선이 2분 30초마다 한 번씩 회전하고 있기 때문에 창문에서 보이는 지평선은 빙빙 돌아가는 것처럼 보여. 계속 보고 있다가는 멀미가 날 거라는 선장님의 경고에도 지구에서 눈을 뗄 수가 없었지.

내가 지구에 한눈을 파는 사이 선장님과 비행 엔지니어는 바쁘게 작업을 시작했어. 태양 전지판과 안테나를 펼치고 우주선 각 부분에 이상이 없는지 상태를 점검했지.

우주선에서 공기가 새는 곳이 없는지 기압을 점검한 뒤 소콜 우주복을 벗고 편안한 작업복으로 갈아입었어. 현재 우리 우주선은 지상에서 200~250킬로미터의 타원 궤도에 진입해서 1시간 30분마다 지구를 한 바퀴씩 돌고 있어. 하지만 우리가 가야 할 목표인 국제 우주 정거장은 지금 있는 곳보다 훨씬 높은 지상 400킬로미터 궤도에서 초속 약 7.7킬로미터(시속 약 27,700킬로미터)로 돌고 있어. 궤도 수정용 엔진을 이용해서 점차 고도를 높여야 해.

그냥 일직선으로 우주 정거장에 가면 좋겠지만, 우주에서는 그렇게 할

수가 없어. 그래서 이틀 동안 우리가 타고 있는 우주선을 우주 정거장의 궤도와 속도에 맞춰야 해. 지구를 4바퀴 돌고 6시간 만에 우주 정거장과 도킹하는 경우도 있어. 그에 비하면 우린 완전히 거북이처럼 날아야 해. 어휴, 이렇게 답답한 곳에서 이틀씩이나 있어야 한다니 한숨부터 나왔지만 어쩔 수 없지.

난 우주선이 지구 궤도를 여섯 번째 돌 때쯤 침낭을 궤도 모듈에 걸어 놓고 우주에서 첫 잠을 잤어. 침낭에 누웠을 때는 윙윙거리면서 각가지 시끄러운 소리를 내는 우주선에서 잠을 잘 수 있을까 생각했는데, 아침부터 너무 긴장을 했기 때문인지 피곤이 몰려오면서 금방 깊은 잠에 빠져들었지. 정말 달콤한 무중력의 첫 날 밤이었어.

지구를 30바퀴쯤 돌았을까? 이제 우리가 탄 소유스 우주선이 우주 정

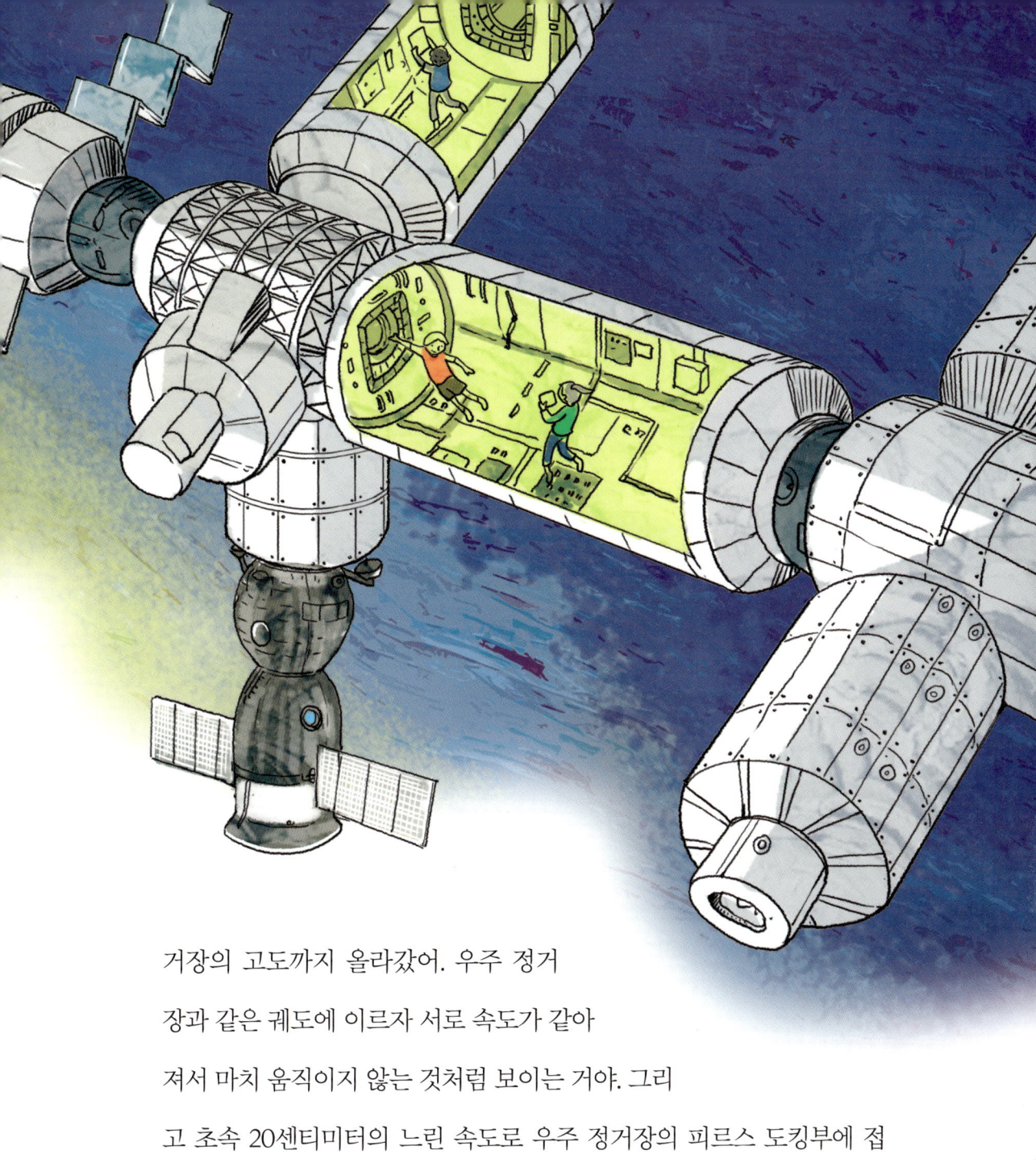

거장의 고도까지 올라갔어. 우주 정거장과 같은 궤도에 이르자 서로 속도가 같아져서 마치 움직이지 않는 것처럼 보이는 거야. 그리고 초속 20센티미터의 느린 속도로 우주 정거장의 피르스 도킹부에 접근을 시도했어.

모든 과정은 소유스 우주선의 컴퓨터가 진행해. 나는 비상사태에 대비해 소콜 우주복으로 갈아입은 후 선장님의 지시에 따라 간단한 보조 임무를 맡았어. 얼마나 지났을까? 퉁 하는 소리와 함께 도킹이 성공적으로 이루어졌어. 도킹 후 제일 먼저 하는 일은 공기가 새는 곳이 없는지 확인하는 일과 양쪽 우주선의 공기 압력을 서로 맞추는 거야. 그 후 우리는 해치를 열고 우주 정거장으로 갔어. 무중력 상태라 물고기처럼 헤엄쳐 가야 했어. 다행히 지난 무중력 비행기 훈련 때 연습했던 것이 많은 도움이 됐어.

6개월 전부터 우주 정거장에서 생활하고 있던 우주인 팀이 마중 나와서 우리를 반겼어. 특히 우주 정거장이 생긴 이래 처음으로 방문한 어린이 우주인, 바로 나를 열렬히 환영해 주었지. 정말 우주 스타가 된 기분이었다니까.

우주 정거장은 내가 타고 온 소유스 우주선에 비하면 거의 궁전이나 다를 바가 없는 크기였어. 생활 주거용으로 사용하는 러시아의 즈베즈다 모듈에서부터 반대쪽의 다용도용인 미국의 하모니 모듈까지 거리가 약 45미터나 돼. 1998년부터 세계 16개국이 힘을 합쳐 만든 이 우주 정거장은 20년 이상 지구 궤도를 돌고 있어.

서로 인사를 마치고 난 후, 우리는 재미 삼아 무중력 달리기 시합을 하

기로 했어. 45미터를 무중력 상태에서 달리면 시간이 얼마나 걸릴 것 같아? 난 슈퍼맨처럼 멋있게 날면서 이동하니까 금방 결승점까지 갈 줄 알았는데, 30초나 걸리지 뭐야. 아직 무중력 상태에 적응을 하지 못해서 그런지 몸을 가누기가 쉽지 않았거든. 우주 정거장에서 생활하고 있던 다른 우주인들은 적응을 끝냈기 때문에 15초도 안 걸렸어.

유튜브로 우주여행
우주 정거장이 우주에서 조립되는 과정을 볼 수 있어. 미국의 우주 왕복선과 러시아의 프로톤, 소유스 로켓으로 30회 이상 부품을 운반하여 조립했어. (출처:NASA)

국제 우주 정거장
400km 상공에 떠 있는 작은 도시

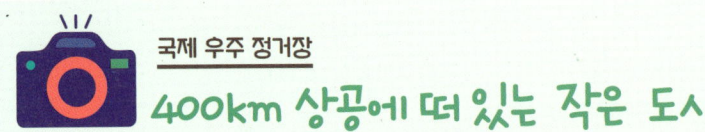

1. 희망(일본 실험실) 2. 하모니(침실 4개) 3. 콜럼버스(유럽 실험실) 4. 데스티니(미국 실험실)
5. 트랜퀼리티(큐폴라, 화장실, 물 재생 장치) 6. 유니티(식당) 7. 자르야(창고)
8. 즈베즈다(조종실, 침실 2개, 화장실, 식당) 9. 방열판 10. 퀘스트(우주 유영 출입문) 11. 태양전지판

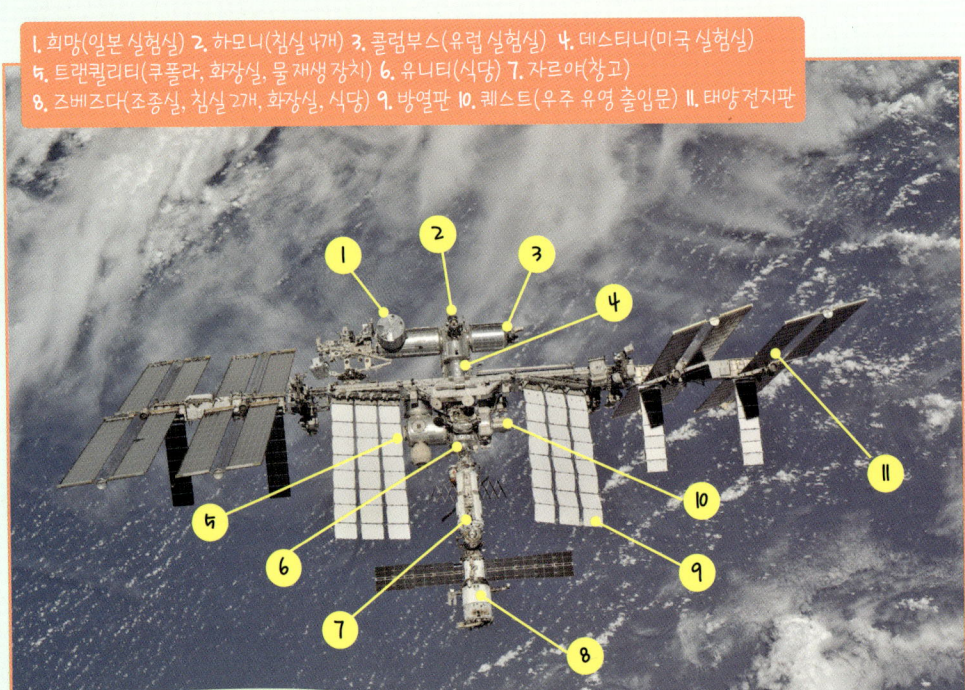

트랜퀼리티 모듈 아래에 있는 쿠폴라라는 곳이야. 사방이 특수한 유리로 되어 있어서 지구를 관찰하기 좋아.

우주 정거장을 20년 넘게 유지할 수 있었던 비결은 필요한 연료와 공기, 음식 등을 운반하는 화물 우주선 덕분이지.

우주 정거장에서의 임무
뚝딱뚝딱 우주 실험실

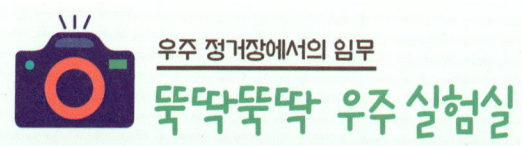

우주인의 가장 큰 임무는 무중력을 이용한 여러 가지 실험을 진행하는 거야.

이 로봇은 로보넛이야. 우주인 대신 위험한 임무를 수행할 걸 대비해서 여러 가지 테스트를 하고 있어.

우주 정거장의 바깥 부분이 고장 나면 어떻게 하냐고? 선외 우주복을 입고 에어록을 통해 우주 밖으로 나가서 고쳐야지. 자, 출발해 볼까!

▶ 우주 정거장의 생활

우주에서는 키가 쑥쑥 커!

우주 탐사 요원 쏭스타   구독 7,520,041명

　우주 정거장은 90분마다 지구를 한 바퀴씩 돌고 있어. 그러니까 하루에 16번씩이나 지구를 도는 거지. 우리는 평상시에 해가 뜨고 지는 것을 하루라고 생각하잖아. 그럼 우주 정거장에서는 시간이 16배나 빨리 가는 걸까? 난 궁금해서 콜로코프 선장님께 물어보았어.

　"콜로코프 선장님, 지금이 몇 시인가요? 우주에서는 시간을 어떻게 정해요?"

"우주에서도 지구와 똑같이 하루 24시간을 적용한단다. 다만 각 우주인의 나라마다 시간이 다르기 때문에 국제 표준시라고 하는 영국의 그리니치 시각을 사용해."

시간 이야기가 왔으니 나의 일과를 알려 줄게.

먼저 아침에 일어나는 시간은 오전 6시야. 우리나라 시간으로는 오후 2시로, 세수하거나 화장실에 가서 볼일을 봐. 볼일이 뭔지는 알지? 그리고 6시 30분쯤에 모두 모여서 아침 식사를 해.

7시 30분에는 지상의 우주 관제 센터와 연락해서 오늘 할 일을 미리 확인하는 회의에 참석해야 해. 그리고 12시 30분까지는 오전 작업을 하지. 우주선 안에서 실험을 하기도 하고, 우주 밖으로 나가 우주 정거장을 수리하기도 해. 나는 이 시간에 우주선 안에서 한국에서 준비해 온 과학 실험 장비를 조작했어. 우주 실험을 할 때 잘 모르는 것은 모스크바 우주 통제 센터를 통해 우리나라 과학자의 도움을 받았지.

보통 12시 30분에 점심을 먹고 2시부터는 오후 작업을 시작해. 난 이 시간에 우리나라의 방송국과 생방송으로 연결해서 우주 생활을 소개하기도 했어. 오후 작업이 끝나는 오후 5시부터 2시간 동안은 운동을 해. 저녁 7시에는 저녁을 먹고, 8시부터는 자유 시간이어서 노트북으로 인터넷

을 하거나 내 블로그에 우주 일기도 써. 밤 9시 30분에는 잠자리에 들지.

우주 정거장에서는 무엇보다 잠자리가 아주 고역이었어. 현재 우주 정거장에는 러시아의 즈베즈다 모듈과 미국의 하모니 모듈에 개인 침실이 있는데, 난 잠깐 동안 방문한 거라 내게 따로 개인 공간을 주지는 않았어. 그래서 하모니 모듈 통로에 침낭을 고정시키고 거기에서 잠을 잤어. 처음 그 자리에서 자라는 말을 들었을 때는 깜짝 놀랐어. 사람들이 다니는 통로에서 잠을 자라고 하다니, 나를 너무 푸대접하는 것 같아서 콜로코프 선장님께 따졌지.

"쏭, 너무 서운하게 생각하지 마. 통로에서 자라고 하는 데는 다 이유가 있어. 우주 정거장은 무중력 상태이기 때문에, 자고 있는 동안 호흡으로 토해 낸 이산화탄소가 흩어지지 않고 그 사람 머리 주변에 머물러 있을 수 있어. 그렇게 되면 산소 부족으로 정신을 잃지. 그래서 공기가 안정적으로 흐르는 곳에서 잠을 자야 해."

그런 깊은 뜻도 모르고 투덜거렸다니 정말 창피했어. 하지만 자는 장소는 그렇다 치더라도 몇 가지 문제가 더 있어서 제대로 잠을 자기는 어려웠어. 우주 정거장은 하나의 거대한 기계잖아. 이 기계는 내가 잠을 자는 동안에도 멈추지 않는다는 것이 문제야. 평소에는 몰랐는데, 잠을 자려고 하니까 너무 시끄러웠어. 도대체 다른 우주인들은 이런 환경에서 어떻게 잠을 자는 거지?

 다행히 소리를 막아 주는 귀마개가 있어서 소음을 해결하고 나니까, 이번에는 빛이 문제였어. 우주 정거장이 지구를 계속 돌다 보니 우주 정거장 창문으로 45분마다 해가 뜨고 지는 거야. 잠들 만하면 밝아졌다 어두워졌다 하니까 도대체 잠을 잘 수가 있어야지. 결국은 창문을 가리고 안대를 하고서야 잘 수 있었어.

 아침에 일어나서 세수하려고 거울을 봤을 때였어. 진짜 깜짝 놀랐지 뭐야. 거울 속에 보름달만큼 커다란 얼굴이 있지 않겠어. 게다가 얼굴색까지 빨간 거 있지.

 '아니, 저게 누구야? 얼굴이 무척 친근하긴 한데…… 설마 나? 내 얼굴이 왜 저래?'

 무중력 때문에 지구에 비해 혈액과 체액이 머리 쪽으로 많이 몰린다는 건 알고 있었지만, 내 잘생긴 얼굴이 이렇게 망가지다니.

 물론 좋은 점도 있어. 무중력 상태라 그런지 키가 5센티미터나 커진 거야. 허리둘레도 가늘어졌고. 이젠 누구도 나를 키 작고 통통하다고 하지 못할걸. 하지만 키가 갑자기 커진 탓인지 허리가 욱신거리면서 아프기 시작했어. 콜로코프 선장님께 허리가 아프다고 했더니 자연스러운 현상이라고 설명해 주었어. 뼈 사이에 있는 연골이 늘어난 반면, 허리뼈 속에 있는 신경은 늘어나지 않아서 아픈 거라고 해. 그래서 우주에서는 내가 싫어하는 운동도 많이 해야 해. 무중력이라 근육이 약해지고 뼛속 칼슘이 밖으로 빠져나가면서 골다공증이 생기기도 한대. 일과표에 운동이 2시간씩이나 들어 있는 이유이지.

잠을 설치는 것이나 허리가 아픈 것보다 더 괴로운 것은 우주 멀미였

어. 훈련 센터에 있을 때 멀미 의자에 앉아서 훈련을 했지만, 막상 우주에 와 보니 우주 멀미는 무엇을 상상하든 그 이상이었어. 우주 멀미 때문에 첫날부터 토하고 말았지 뭐야. 우주 멀미는 무중력으로 인해 몸속의 여러 기관들이 느끼는 감각이 평상시와 달라져서 생기는 현상이야. 점차 적응이 되면 좋아진대. 나도 며칠 지나면서 무중력에 적응했는지 훨씬 나아지더라고.

우주에서 며칠을 보냈더니 몸이 근질근질해졌어. 게다가 몇 번 토하고 나자 목욕 생각이 더욱 간절해졌지. 집에 있을 때는 엄마가 그렇게 씻으라고 해도 목욕하는 게 싫었는데, 우주에 오니까 따뜻한 목욕탕이 너무 그리웠어. 소유스 우주선은 작아서 그렇다고 쳐도, 우주 정거장은 규모가 크니까 샤워 시설이 있을 거라 생각하고 콜로코프 선장님께 위치를 물어보았어.

"우주 정거장에는 샤워 시설이 없단다."

"이렇게 큰 우주선에 샤워 시설이 없다고요? 우주 정거장에 물이 부족하기 때문인가요?"

"그것도 이유 중 하나이긴 하지만, 사실 더 큰 문제가 있지. 우주에서는 물이 물방울 형태로 공중에 뜨기 때문에 지상에서처럼 씻을 수가 없단다. 공중을 떠도는 물이 사람의 호흡기로 들어갈 위험도 있고. 정말 어려운 것은 샤워한 후에 물을 치우는 것이란다. 물이 공중에 떠 있으니 샤워 후의 뒷정리가 정말 고된 일이지."

"그럼 우주인들은 우주에서 샤워를 한 번도 안 하나요?"

"대신에 스펀지 목욕을 한단다. 스펀지에 따뜻한 물을 적셔서 온몸을 구석구석 닦는 거야. 너도 그렇게 한번 해 보렴."

머리를 감는 것도 마찬가지야. 머리를 감을 때는 물이 필요 없는 샴푸를 썼어. 샴푸를 머리에 바르고 거품을 낸 후 수건으로 닦기만 하면 그걸로 끝이야. 이 닦는 것도 물이 필요 없는 치약으로 칫솔질을 하고 삼키면 끝이지. 아! 하루에 쓸 수 있는 수건도 양이 정해져 있어. 우주에선 무엇이든 아껴야 한다니까! 우주 정거장에 있다 보면, 저절로 절약가가 될 듯해.

유튜브로 우주여행
우주 비행사 사만타 크리스토포레티가 우주 정거장에서 세수하는 모습. 우주 정거장에서 머리 감기, 손 씻기 등을 어떻게 하는지 알 수 있어. (출처:ESA)

우주 생활
무중력에서 가볍게 생활하기

우주 정거장에는 두 곳에 침실이 있어. 그중 이곳 하모니 모듈에는 침실 4개가 있어.

우주에서 머리를 감을 때는 거품은 나지만 물로는 안 씻어도 되는 드라이 샴푸를 이용해.

진공 청소기와 연결된 바리캉을 이용해서 머리를 깎아.

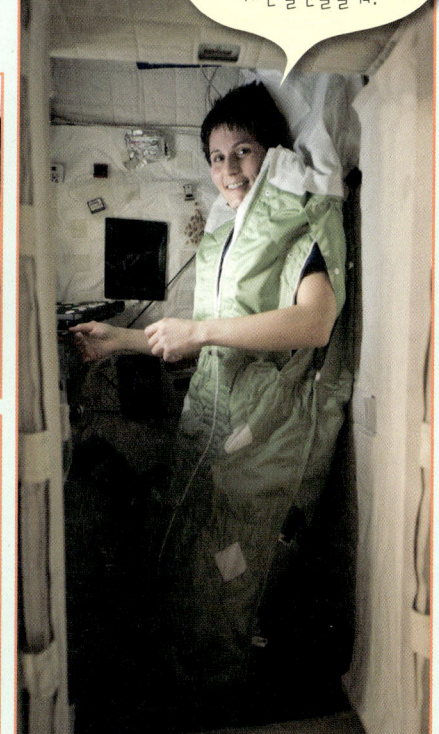

자그마한 침실에는 침낭과 컴퓨터, 책, 사진 같은 개인 물건들을 둬.

과학적이고 야만적인 우주 생활

우주 탐사 요원 **쏭스타**

　오늘은 일요일이라 작업이 없어서 콜로코프 선장님이 우주 정거장 곳곳을 안내해 줬어.

　"우주 정거장의 산소는 물을 전기 분해해서 얻는단다. 물이 산소 분자와 수소 분자로 이루어진 것은 잘 알고 있지? 분리된 산소는 다시 우주 정거장 안으로 넣어 우주인이 숨을 쉬는 데 이용하고, 폭발 위험이 있는 수소는 우주 밖으로 버린단다. 물 1리터면 세 명의 우주인이 하루 동안 사용할 수 있는 산소를 만들어. 우주 정거장에서는 물이 부족하니까 우주인의 몸에서 나오는 땀이나 습기를 모아 사용하기도 하지."

"으악, 땀을 사용한다고요? 좀, 아니 아주 더러운데요."

"물이 많이 부족할 때만 사용하니까 괜찮단다. 너 같은 손님이 우주 정거장에 방문하면 우주 정거장 외부나 화물 우주선에 있는 산소 탱크를 이용하거나, 고체 산소 발생기를 설치해서 모자란 산소를 만들게 된단다. 하지만 고체 산소 발생기는 화재 사고가 날 수도 있어. 그러니 정말 조심해야 해."

콜로코프 선장님은 물에 관해 할 이야기가 많은지 말이 길어졌어.

"우주 정거장에서는 공기뿐만 아니라 물도 아주 중요하단다. 생각해 보렴. 지상에서는 어른 한 사람이 하루에 600리터 정도의 물을 사용하고 있어. 음료수 페트병이 1.5리터니까, 페트병 400개 정도의 물이 필요한 셈이지.

우주 정거장에서 평소처럼 물을 사용한다면 비용이 어마어마하게 들겠지? 혹시라도 물이 다 떨어지면 정말 큰일이지."

"선장님, 그럼 우주 정거장에서는 물값이 완전히 금값이네요."

"그런 셈이지. 다행히 우주 정거장에서는 이렇게 비싼 물을 많이 사용하지 않아도 된단다. 화장실에서도 물이 필요 없고, 샤워는 하지 않고, 설거지도 필요 없기 때문에, 우주에서 한 사람이 사용하는 물의 양은 지상의 20분의 1 정도인 30리터란다."

"그래도 6개월 정도 우주 정거장에서 생활하려면 엄청난 양의 물이 필요하지 않나요?"

"맞아. 화물 우주선이 물 보급을 담당하지만, 이것도 한계가 있지. 그래서 물을 아껴 쓰기도 해야 하고 사용했던 물을 재사용하는 일도 중요해. 예를 들어 공기 중에 섞인 수증기를 냉각 장치를 이용해 다시 물로 바꾸어 저장한단다. 물론 그냥 마시는 것이 아니라 화학 약품을 이용해서 물을 깨끗하게 만들지."

"그래서 제가 마시는 물에서도 소독약 냄새가 났군요."

"나도 그 냄새가 싫어서 주로 홍차를 넣어 마신단다. 넌 과일 음료수를 타서 마시렴."

"네. 고마워요, 선장님. 그런데 오줌은 재사용하지 않나요?"

"물론 오줌도 깨끗한 물로 정수해서 다시 사용한단다. 2009년부터 우주 정거장에 대형 냉장고만 한 '물 재생 시스템' 장치가 생겨서 오줌을 깨끗한 물로 바꾸고 있지. 오늘 아침에 네가 먹은 물도 사실 오줌을 정수한 거야."

오줌을 마셨다고 생각하자 토할 것 같았지만 사실 아침에 먹었던 물은 그냥 보통의 물 맛이었어. 생각해 보면 오줌까지 먹는 우주 생활은 정말 과학적이면서도 한편 야만적이기도 한 이상한 생활인 것 같아.

우주 정거장에서 식사를 하면서 가장 아쉬웠던 점은 하루에 세 번씩 식사를 하는데 이상하게 조금만 먹어도 배가 부르다는 거야. 내가 입맛이 없어졌나 하고 생각했는데, 선장님 말로는 먹은 것이 위 안에서 가라앉지 않고 떠올라 있는 탓에 쉽게 배가 부른 거라고 해. 우주에 있으면 저절로 다이어트가 되는 것 같아.

무중력 때문에 허리가 가늘어진 데다, 식사도 적게 하니까 이제 똥배와도 작별이야. 얼굴이 커진 게 좀 아쉽긴 하지만.

우주 음식은 모두 장기간 보관하기에 알맞게 만들었어. 동결 건조를 하거나, 열처리를 하거나 방사선을 쬐기도 해서 오랫동안 냉장고 없이 보관해도 상하지 않는 음식이야.

우주 정거장의 음식은 러시아 음식이 115종, 미국 음식이 180종이야. 엄청나게 많지? 우주 레스토랑이라고 불러도 손색이 없을 정도야.

내가 먹을 음식은 훈련 센터에 있을 때 영양사와 함께 미리 식단을 짜서 만들었어. 내가 우주로 오기 몇 달 전에 무인 우주선인 프로그레스 화물 우주선에 실려 우주 정거장에 도착해 있었지. 우리나라가 개발한 우

주 비빔밥 같은 한국 음식은 다른 우주인에게 인기 최고였어. 고추장의 매운 맛이 오랫동안 우주 정거장에 갇혀서 생활하는 우주인의 입맛을 살려 준대.

　우주에서 식사를 하는 일은 쉽지가 않아. 음식마다 정해진 조리법에 따라 더운물을 넣거나 전기 오븐으로 데워야 하고, 음식 용기가 떠다니니까 식탁에 고무줄로 고정시켜야 해. 식사하는 것이 아주 큰일이야. 식사 후에도 음식을 담았던 각종 포장을 하나하나 압축해서 쓰레기통에 넣은 후 화물 우주선에 버려야 하지.

지금까지 먹는 이야기를 했으니까, 이제는 화장실 이야기를 해 볼까? 소유스 우주선을 타고 우주 정거장에 오는 동안 나는 오줌만 눴어. 그 좁은 우주선 안에서 도저히 똥은 못 싸겠더라고. 그래서 우주 정거장에 도착할 때까지 꾹 참았지.

예상했던 대로 우주 정거장의 화장실은 소유스 우주선에 비하면 아주 넓었어. 커튼 같은 칸막이가 있는 화장실에 앉아서 볼일을 볼 수 있도록 되어 있었어. 사실 앉는다고 하지만, 무중력 상태니까 발걸이와 손잡이를 잡고 몸이 떠오르지 않도록 고정하는 거야.

우주 정거장의 화장실에서는 물을 사용하지 않아. 진공청소기처럼 공기로 빨아들이지. 오줌을 누고 싶으면 깔때기 모양처럼 생긴 장치를 이용해. 마치 진공청소기 흡입구에 대고 오줌을 누는 것 같아서 기분이 이상해. 오줌을 빨아들이는 긴 호스는 청소하기도 어렵고, 나쁜 세균이 살 수도 있어서 사용한 후에는 꼭 약품을 넣어서 청소를 해 주어야 해.

큰일을 볼 때는 가운데 있는 대변기를 이용하는데, 진공청소기처럼 팬이 돌면서 변기 안의 공기를 자동으로 빨아들여. 우선 여기에 1회용 비닐봉지를 넣고 엉덩이를 잘 밀착시켜야 돼. 무중력이라 똥을 싸도 엉덩이에서 잘 떨어지지 않으니까 공기를 충분히 불어 넣어서 비닐봉지 속으로 떨어뜨려야 하지. 처음에는 쉽지가 않더라고. 볼일이 끝나면 휴지를 이용해서 닦은 다음 똥이 들어 있는 봉지에 함께 넣어 대변기에 붙은 쓰레기통에 버려.

우주 정거장에는 화장실이 2개가 있지만 종종 고장이 나기도 해. 그럴 경우엔 도킹되어 있는 소유스 우주선의 화장실을 이용하거나, 비닐봉지

유튜브로 우주여행
우주 비행사 수니타 윌리엄스가 하모니 모듈에 있는 침실과 트랜퀼리티 모듈에 있는 화장실을 소개하고 있어. (출처:NASA)

와 양말을 사용할 수밖에 없어. 양말이 왜 필요하냐고? 무중력인 이곳에서는 오줌 역시 공중에 뜨기 때문에 양말을 비닐봉지에 넣어 흡수시키는 거지. 그래서 우주인들은 이런 사태를 막기 위해 화장실을 애지중지하며 매우 조심스럽게 이용해.

 **유튜브로 우주여행**
머리 감기, 머리 깎기, 잠자기, 우주 음식으로 식사하기, 일하기, 운동하기 등 우주 정거장에서의 다양한 생활 모습을 소개하는 동영상. (출처:NASA)

우주 음식
간편하게 즐기는 우주 맛집

우주 정거장의 유니티 모듈에 차려진 식탁이야. 다양한 우주 음식을 고정용 벨트나 찍찍이, 자석을 이용해서 고정해.

우주 정거장에서는 토르티야로 샌드위치를 만들어.

동결 건조해서 만든 우주 음식에 물을 넣어서 먹어.

우주 음식은 대부분 동결 건조하거나 캔에 담겨 있어.

우주 음식은 보통 숟가락으로 먹어.

화물 보급선이 도착하는 날에는 싱싱한 과일을 먹을 수 있어. 이 날이 제일 기다려져.

우주 화장실과 물 재생 장치
오줌을 정수해서 물 만들기

우주 변기는 소변과 대변을 공기로 빨아들이는데, 대변은 비닐봉지에 넣어서 버리고 소변은 재생 장치를 통해 정수해서 다시 사용해.

트랜퀼리티 모듈에 있는 화장실이야. 즈베즈다 모듈에도 똑같은 변기가 있어.

이 물은 내 땀과 오줌을 정수한 거야. 무슨 맛이냐고? 그냥 물 맛!

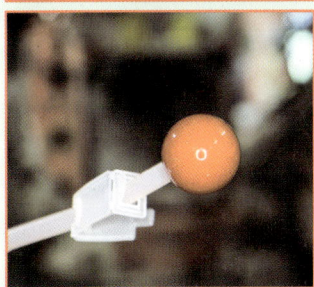

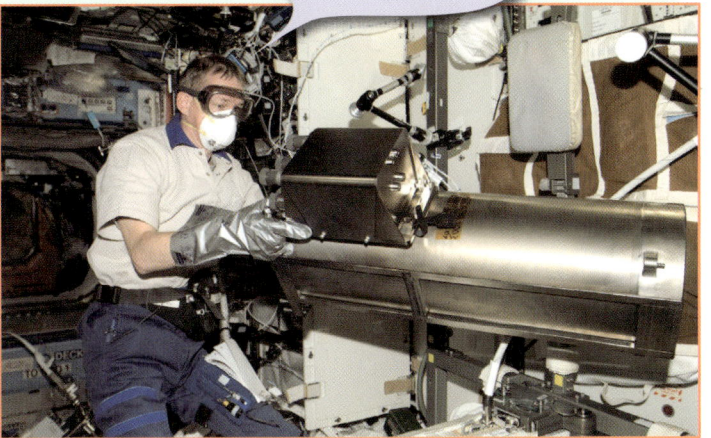

이 장치가 바로 오줌을 깨끗한 물로 만드는 물 재생 장치의 필터야.

정수한 물은 그냥 먹기보다 커피나 차에 타서 먹는대.

▶ 지구 귀환 비행

눈 깜짝할 새 돌아오다!

 우주 탐사 요원 **쏭스타**　　　　구독 11,045,020명

　　8일간의 우주 정거장 생활을 마치고 지구로 돌아가는 날이야. 이제야 우주 정거장 생활에 익숙해졌는데, 돌아가야 한다니 너무 섭섭하고 아쉬워.

　　지구로 귀환하는 우주선은 내가 타고 왔던 소유스 TMA-12호가 아니야. 그 전의 우주인이 타고 왔던 소유스 TMA-11호야. 6개월 동안 우주 정거장에 도킹해 있던 우주선이지. 나와 함께 왔던 콜로코프 선장님과 리처드 엔지니어는 우주 정거장에 남아 6개월간 생활할 거야. 대신 6개월간 생활했던 우주인들이 나와 함께 돌아가게 되었어. 나는 콜로코프 선장님과 아쉬운 작별 인사를 나누고, 귀환 준비를 시작했어.

내가 타고 왔던 우주선에서 의자 쿠션을 떼어 돌아갈 우주선에 다시 고정하고, 소콜 KV-2 우주복으로 갈아입었어. 우주선에 탑승해 지상관제 센터와 통신을 하는데, 귀에 익숙한 목소리가 스피커를 통해 흘러나왔어.

"송별, 미하일 교관이다. 그동안 잘 지냈나? 네가 착륙할 곳은 바이코누르 발사 기지 북동쪽 아르카윅 초원 지대다. 우린 곧 출발할 예정이다. 날씨가 좋으니 지상에서 반갑게 만나자."

호랑이 같은 미하일 교관님의 목소리도 오랜만에 들으니 얼마나 반가웠는지 몰라. 이젠 정말 지구로 돌아간다는 실감이 났어. 지구에서 우주 정거장에 올 때는 이틀이나 걸렸는데, 지구로 돌아갈 때는 3시간 30분이면 충분해.

드디어 소유스 우주선이 우주 정거장에서 분리되고 진행 방향과 반대로 4분 45초간 역분사를 시작했어. 지구의 중력이 끌어당길 수 있도록 조금만 속도를 줄이면 된대. 3시간 비행 후 우리가 탄 귀환 모듈은 앞쪽에 있는 궤도 모듈과 엔진이 있는 뒤쪽의 추진 모듈과 분리가 됐어. 궤도 모

둘에는 우주 정거장에서 가져 온 쓰레기도 담겼는데, 추진 모듈과 함께 대기권에서 타서 사라진대.

고도가 120킬로미터에 이르자 우주선의 낙하 속도가 줄어들기 시작했어. 캡슐은 1600도까지 뜨거워졌지. 궤도 모듈의 바닥에 있는 내열판 덕분에 이런 온도를 견딜 수 있었어. 창으로 보니 처음에는 예쁜 불꽃이 튀더니, 나중에는 불똥이 커지면서 온통 화염에 휩싸여 버렸어. 불길을 보니 너무 무서워졌어. 까짓것 30분만 견디자고 생각은 했지만 얼마나 겁이 나는지 심장이 뛰는 소리가 들릴 정도였다니까.

지구의 대기권에 돌입할 때 우주선의 속도는 시속 27,900킬로미터야. 서울에서 부산까지 1분도 안 되어 도착할 정도의 속도니까 엄청난 거지. 이런 속도가 대기의 저항을 받아 열로 변화되고, 대신 우주선의 속도는 급속히 느려져서 고도 10킬로미터에 이르면 시속 820킬로미터까지 느려져. 이런 빠른 감속 과정에서 우주인은 중력의 4배 정도의 누르는 힘을 받아. 그러니까 내 몸무게 4배 정도의 무게가 나를 누르고 있는 느낌인 거지.

"견뎌야 해, 견뎌야 해……."

점점 몸이 무거워지고 숨이 차오르면서 더는 못 참겠다고 생각한 순간, 드디어 창밖으로 지구의 푸른 하늘이 보이기 시작했어. 속도를 더욱 줄이기 위해 작은 낙하산이 펼쳐지고, 20초 후에는 직경 35미터의 거대한 낙하산이 펼쳐졌어. 이제 지상에 도착할 때까지 남은 시간은 15분이야.

지상과의 높이가 불과 1.5미터 남은 시점에는 우주선 바닥에 부착된 9개의 착륙용 로켓이 분사되면서 마지막으로 속도를 줄여. 아무리 속도를 줄인다고 해도 딱딱한 땅에 충돌하듯이 착륙하는 거라서 탑승한 우주인은 엄청난 충격을 받지.

"쏭, 이제 곧 착륙이다. 입을 꽉 다물고 충격에 대비해라."

선장님은 어린 나를 무척 신경 써 주었어. 덕분에 나는 아무런 상처 없

이 무사히 착륙할 수 있었지. 착륙할 때 조심하지 않으면, 혀가 잘리거나 팔이 부러지는 경우도 있대.

 미리 대기하고 있던 귀환 팀의 도움을 받아 캡슐 밖으로 나오니 가장 먼저 지구의 신선한 공기가 맡아졌어. 가슴 깊이 들이마신 공기가 맛있다는 느낌이 들 정도였지. 난 우주선 한쪽에 준비해 두었던 태극기를 꺼

내 들고 밖으로 나왔어. 나는 간신히 걸을 수 있었지만 선장님이나 비행 엔지니어는 6개월이나 우주에서 생활한 탓에 다른 사람의 도움을 받지 않고는 서 있지도 못했어. 귀환 장소에서는 먼저 무사 귀환을 축하하는 전통 의식으로 우주인에게 꽃과 빵과 사과를 주었어. 그러고는 임시로 만든 텐트에서 의학 검사를 받은 후 헬리콥터를 타고 카자흐스탄 공항으로 갔어. 그곳에 마련된 환영 행사장에 모인 사람들이 우주에서 돌아온 나를 꼬마 영웅처럼 반겨 주었어. 쑥쓰럽기는 했지만 기분은 정말 최고였지.

우주 비행을 마치고 다른 우주인과 함께 스타 시티로 돌아왔어. 오랜만에 보는 가가린 우주 센터가 고향처럼 정겹게 느껴지더라고. 환영 행사장에는 많은 사람들이 모여 있었어. 부모님을 비롯해서 미하일 교관님, 아유미, 김수성 연구원이 내가 우주여행을 무사히 끝마친 것을 축하해 주고 자랑스러워했어.

특히 날 대하는 미하일 교관님의 태도가 전과는 달라진 것 같았어.

"송별, 비행하느라 수고 많았다. 자, 이제 훈련을 시작해야지?"

"교관님, 훈련을 시작하라니 무슨 말씀이세요? 이제 전 한국으로 돌아가야죠."

"쯧쯧, 우주에 다녀와서도 급한 성격은 못 고쳤구나. 돌아가기 전에 중력이 있는 지상에 적응하는 훈련을 해야지. 당장 훈련 준비해!"

교관님이 달라졌다고 느낀 건 딱 3초였어.

난 스타 시티에 있는 숙소에 머물면서 의학 검사와 적응 훈련을 했어. 첫날은 온몸에 각종 검사 장치를 붙이고 잠이 들었지. 우주에 있을 때는 전혀 필요 없던 베개를 베고 누우니 정말 지구에 왔다는 실감이 났어.

다음 날 아침, 미하일 교관님이 자다가 침대에서 떨어지지 않았는지 물어보았어. 우주인이 우주 생활을 마치고 돌아오면 무중력에 적응이 되어 잠자리에서 몸부림을 치다가 침대에서 자주 떨어지곤 한대. 중력의 힘이

대단하다는 걸 다시 한 번 느꼈어.

　의사 선생님과 미하일 교관님의 지도 아래 수영과 가벼운 운동을 시작했어. 처음엔 짧은 거리로 시작해서 서서히 거리를 늘여 갔지. 6개월간 우주 정거장에서 생활했던 선장님과 비행 엔지니어는 적응 훈련도 오랫동안 해야 했지만, 난 10일 정도만 있었기 때문에 적응 훈련 기간도 짧았어.

　훈련을 모두 끝마칠 때까지는 일반인과 만날 수 없어서 갑갑했어. 얼른 한국으로 돌아가고 싶었지만, 지구에서 정상적으로 생활하려면 꼭 필요한 과정이라 어쩔 수가 없었어. 대신 답답해지면 숙소 주변을 산책했어. 신선한 지구의 공기를 마음껏 마시면서 숲속을 거닐다 보면 내가 이 지구의 한 생명체라는 게 새삼 실감이 나는 거야. 우주에서 푸르게 보이던 지구, 그 속의 작은 생명인 나. 이런 작은 존재가 다시 한 번 우주에 갈 날을 꿈꾸며, 다시 시작될 '우주 탐사 요원, 쏭 스타' 기대해 줘!

유튜브로 우주여행
우주 정거장에서 소유스 우주선이 귀환하는 과정을 자세히 설명하고 있어. 소유스 우주선이 지구로 돌아오기 위한 역추진 속도가 얼마나 작은지 알 수 있지. (출처:ESA)

📷 지구 귀환
시속 28,000Km로 날다가 멈추기

우주 정거장에서 지구로 돌아가는 우주선이야. 3시간 30분 뒤에 지구에 도착해!

공기가 있는 곳에서는 낙하산을 펼쳐 속도를 줄여.

착륙 전에 바닥에 있는 소형 로켓이 작동하면서 땅에 충돌하는 충격을 줄여 줘.

무중력 공간인 우주 정거장에 머물던 우주인은 지구로 돌아오면 한동안은 자유롭게 몸을 움직이지 못해.

중력이 있는 지구에 돌아오니 몸이 너무 무겁네요.

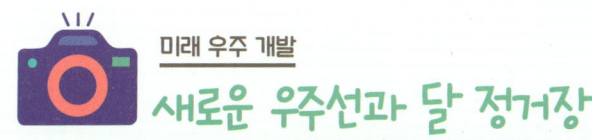

미래 우주 개발
새로운 우주선과 달 정거장

난 '스페이스 X'의 유인 드래곤 우주선이야. 우주인을 우주 정거장까지 데려다줄 우주 택시라고.

난 '보잉'의 스타라이너 우주선이야. 민간 우주선으로, 우주 정거장용 택시로 개발 중이지.

한국계 미국인인 조니 김이야. 한국계 중에선 처음으로 나사의 우주 비행사 후보가 됐지. 너희도 우주인의 꿈을 키워 봐!

지구와 달 정거장을 오갈 오리온 우주선이야.

미래에는 달 둘레를 도는 우주 정거장이 만들어질 예정이야. 달 탐사뿐 아니라 화성 탐사도 가능하게 될 거야.

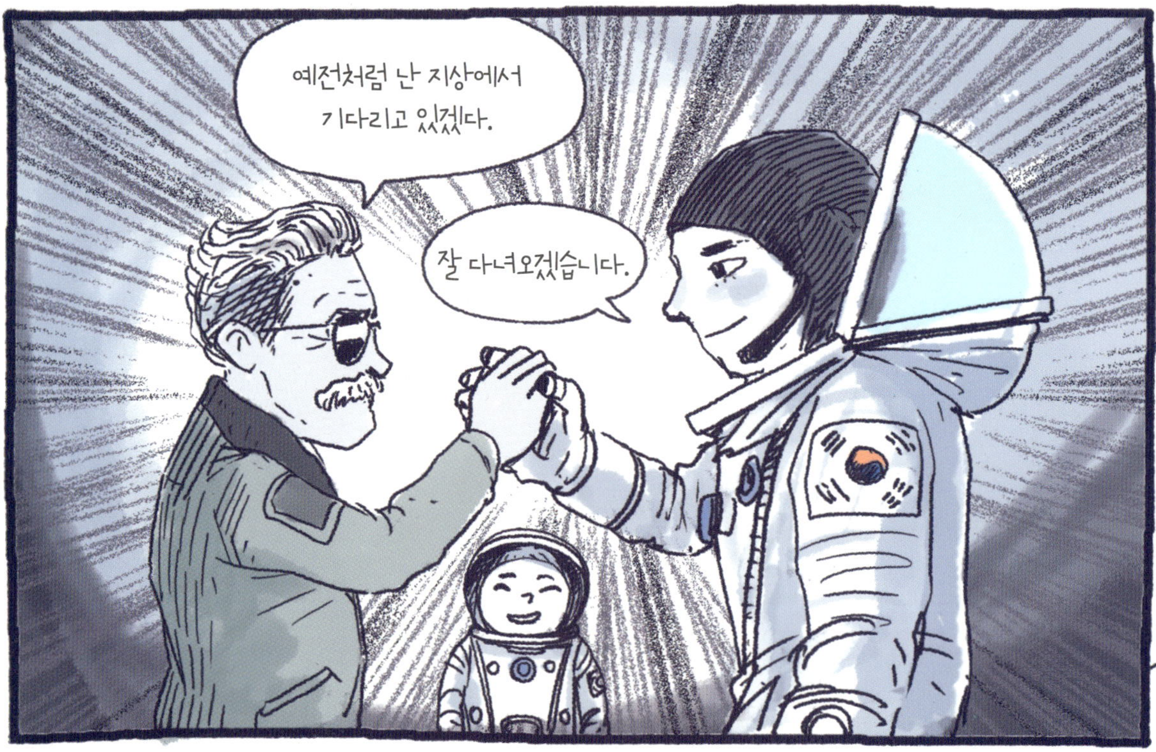
예전처럼 난 지상에서
기다리고 있겠다.
잘 다녀오겠습니다.

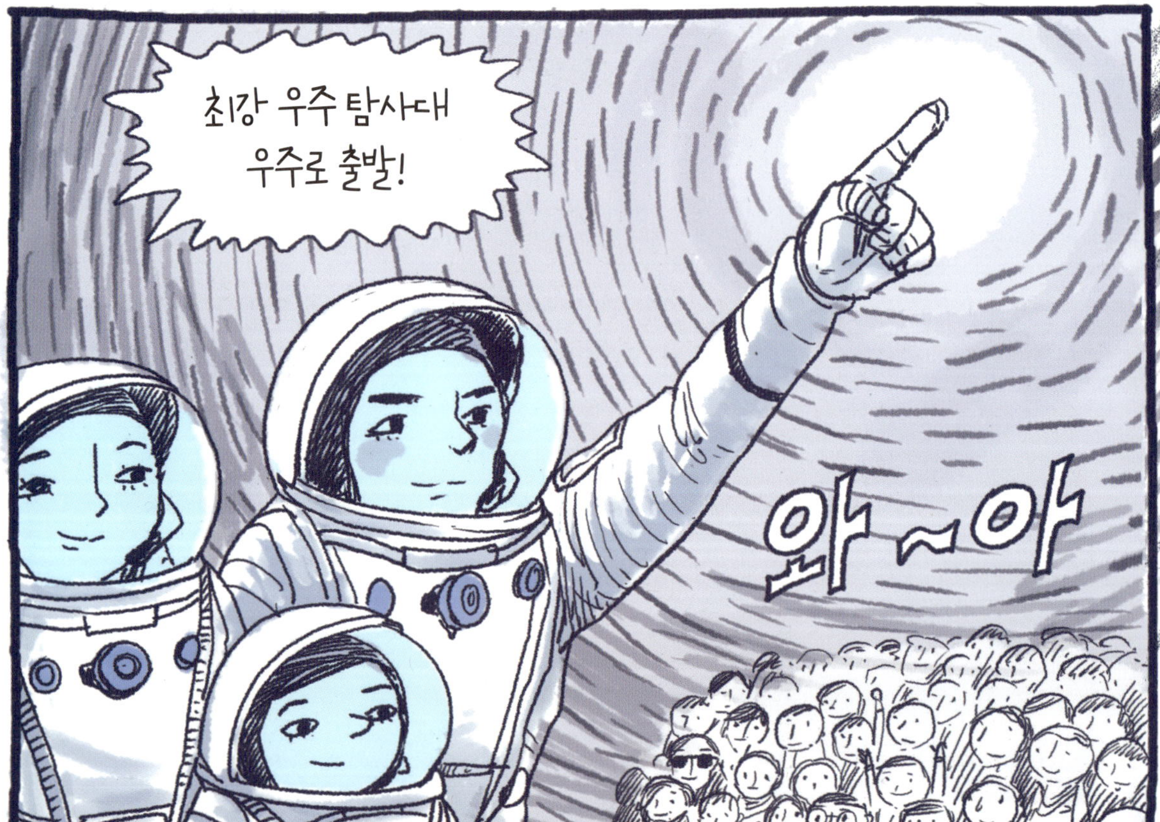
최강 우주 탐사대
우주로 출발!
와~아

🔍 쏭 스타의 우주 탐사 다시 보기!

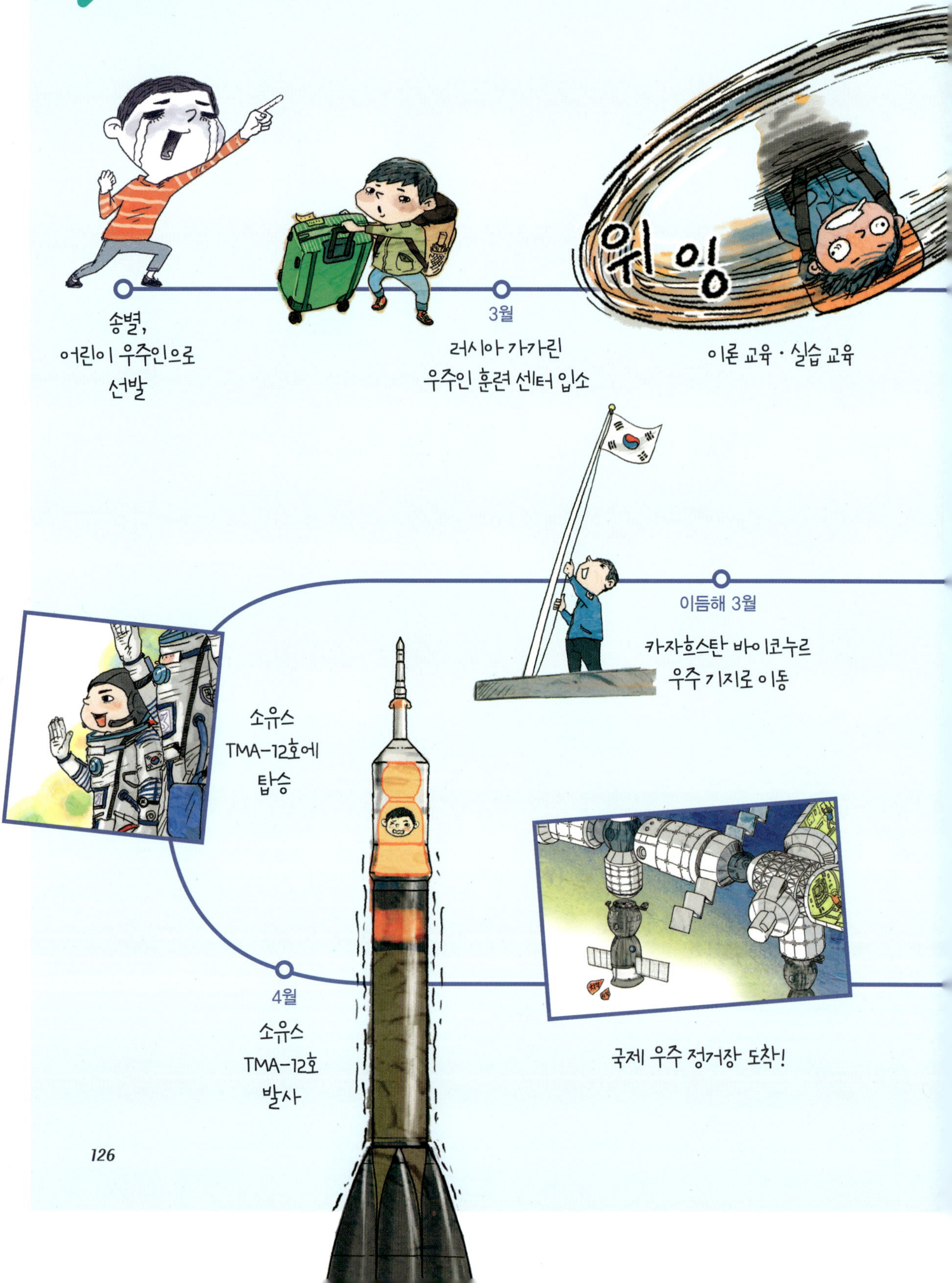

송별, 어린이 우주인으로 선발

3월 러시아 가가린 우주인 훈련 센터 입소

이론 교육·실습 교육

이듬해 3월 카자흐스탄 바이코누르 우주 기지로 이동

소유스 TMA-12호에 탑승

4월 소유스 TMA-12호 발사

국제 우주 정거장 도착!

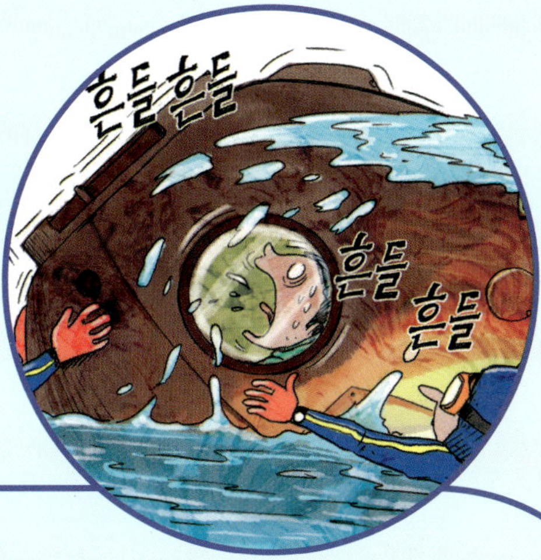

육상·해상 생존 훈련

우주복 맞추기

우주선 조작 훈련

10일간의 우주 생활
- 먹고, 자고, 우주 임무 수행

지구로 귀환

내 방에서 우주 실험 해 볼까?

무중력 비행기로 체험하는 무중력 시간은?

소콜 우주복의 무게는?

우주에 도착하는 시간은?

우주에서 목욕은 어떻게 할까?

우주에서는 해가 몇 번 뜰까?

아유미도 무사히 우주에 갔겠지!

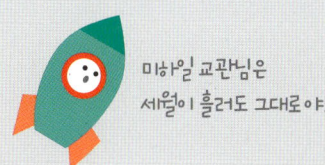
미하일 교관님은 세월이 흘러도 그대로야!

사고뭉치 송별이 멋진 선장이 되다니!

쓰고 그리며 우주 정복 해 볼까?

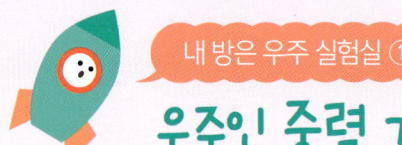

우주인 중력 가속도 훈련 장치 만들기

1 송곳으로 종이컵 양쪽에 구멍을 낸다.

2 양쪽 구멍에 노끈을 묶는다.

3 종이컵에 물을 넣는다.

4 노끈을 잡고 종이컵을 돌리면서 물이 떨어지는지 관찰한다.

준비물 - 종이컵, 노끈, 물, 송곳

종이컵을 힘차게 돌려 봐. 어때? 물이 밖으로 새지 않지? 종이컵을 돌리는 중심을 향하는 힘(구심력)과 반대 방향으로 작용하는 힘인 원심력이 작용해서 물이 종이컵 바닥에 붙잡혀 있는 거야. 종이컵을 빨리 돌리면 돌릴수록 원심력은 더욱 커지게 돼. 우주인들이 훈련할 때 사용하는 중력 가속도 훈련 장치도 회전하는 종이컵과 똑같은 원리를 가지고 있어. 우주인들은 종이컵 속에 들어 있는 물과 같은 셈이지. 물체가 회전할 때 생기는 이런 원심력은 일종의 인공 중력 같은 것이라고 할 수 있어.

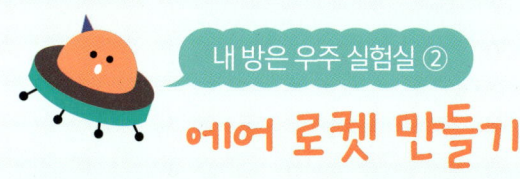

내 방은 우주 실험실 ②
에어 로켓 만들기

1 송곳으로 페트병 뚜껑에 빨대가 들어갈 크기의 구멍을 낸다.

2 페트병 뚜껑에 빨대를 꽂고 본드로 고정한다.

3 다른 빨대에 종이를 말아 로켓을 만든다.

4 빨대에 로켓을 꽂고 페트병을 눌러 발사한다.

준비물–페트병, 빨대, 송곳, 본드, 종이, 풀

여러 가지 모습으로 종이 로켓을 만들어 발사해 봐. 특히 종이 로켓에 날개가 있을 때와 없을 때 어떻게 비행하는지 비교해 봐. 로켓이 곧바르게 비행하려면 날개가 꼭 필요해. 날개는 공기의 힘을 이용하여 로켓의 앞쪽이 비행 방향을 향하도록 돕는 역할을 해. 풍향계에 붙어 있는 날개와 같은 역할이야. 그래서 로켓의 날개는 꼭 아래쪽에만 달아야 해. 하지만 소유스 로켓이나 누리호 로켓 같은 실제 우주 로켓에서 이런 날개를 볼 순 없어. 큰 로켓에는 무거운 날개 대신에 로켓 엔진의 방향을 직접 바꾸어 자세를 안정시키는 복잡한 장치가 달려 있기 때문이야.

내 방은 우주 실험실 ③
우주 정거장에서처럼 물로 산소 만들기

1 투명 컵에 소금을 조금 넣는다.

2 물을 붓고 숟가락으로 저어 소금물을 만든다.

3 9V 건전지의 양극과 음극을 확인한다.

4 9V 건전지를 소금물에 넣고 산소와 수소가 만들어지는지 관찰한다.

준비물—투명 컵, 물, 소금, 9V 건전지, 숟가락

우주 정거장에서 생활하는 우주인들에게 필요한 대부분의 산소는 물을 전기 분해해서 얻어. 물은 산소와 수소 분자가 결합하여 만들어지는데 여기에 전기를 통하게 하면 산소와 수소가 다시 분리돼. 그냥 물은 전기가 통하지 않아서 소금 같은 물질을 넣어 전기가 통하게 만들지. 9V 건전지의 (+) 전극 부분에서는 산소가 (-) 전극 부분에서는 수소 가스가 거품처럼 올라오는 것을 볼 수 있어. 아쉽지만 소금물 실험에서는 산소 가스가 생기는 모습은 잘 보이지 않아.

내 방은 우주 실험실 ④

무중력에서 생기는 물방울 만들기

1 유리병에 식용유를 붓는다.

2 숟가락으로 물을 조금씩 식용유에 넣는다.

3 물이 유리병 바닥으로 떨어지는 모습을 관찰한다.

4 병의 뚜껑을 닫고 뒤집어 물이 어떻게 떨어지는지 확인한다.

준비물 – 유리병, 물, 식용유, 숟가락

무중력의 우주 공간에서는 물이 마치 공처럼 커다란 방울이 되어 돌아다니는 모습을 볼 수 있어. 이것은 동그란 모양을 유지하려는 표면장력이란 힘 때문에 생겨나. 지구에서는 표면장력의 힘에 중력의 힘이 더해지기 때문에 물방울이 동그랗지 않고 길쭉한 편이지만, 식용유를 이용하면 마치 무중력인 것처럼 둥근 모양의 물방울을 만들 수 있어.

내 방은 우주 실험실 ⑤
우주선이 귀환할 때 어떻게 1600도를 견디는지 알아보기

1 송곳으로 종이컵에 구멍을 뚫는다.

2 구멍에 나무젓가락을 끼운다.

3 종이컵에 물을 반 정도 붓는다.

4 종이컵 가운데에 촛불을 두고 종이컵이 타는지 관찰한다.

준비물–종이컵, 송곳, 물, 나무젓가락, 초, 라이터

물을 담고 있는 종이컵은 쉽게 타지 않아. 그 이유는 종이가 불타기 위해 필요한 열을 종이가 타기 전에 물이 먼저 빼앗기 때문이야. 물이 수증기로 변하면서 대부분 열을 빼앗지. 이런 이유로 소유스 우주선이 귀환하는 동안에도 1600도의 온도에서 타지 않고 견딜 수 있는 거야. 우주선 바닥에는 내열 물질로 된 내열판이 있는데, 이 물질이 불타면서 우주선 안으로 열기가 들어가는 것을 막아 줘.

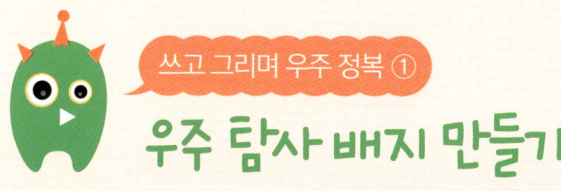

쓰고 그리며 우주 정복 ①
우주 탐사 배지 만들기

우주 정거장에는 배지를 붙이는 곳이 있어. 자신의 임무를 간략한 그림으로 표현해 만든 거야. 우주인이 직접 참여해서 자신만의 우주 임무 배지를 만들지. 너희가 우주로 간다면 어떤 모양의 배지를 만들 거야?

✏️ 나만의 우주 탐사 계획을 담은 배지를 디자인해 보자.

135

쓰고 그리며 우주 정복 ②
소유스 로켓 완성하기

우주 로켓은 엔진에 해당하는 로켓 부분과 화물을 싣는 페어링으로 나뉘어. 로켓이 운반하는 화물의 종류에 따라 페어링의 모양도 달라지지. 유인 우주선을 실어 나르는 소유스 로켓의 페어링은 어떻게 생겼을까?

 책에서 찾아서 모양을 그려 보자. 자신만의 페어링을 그려 봐도 좋아.

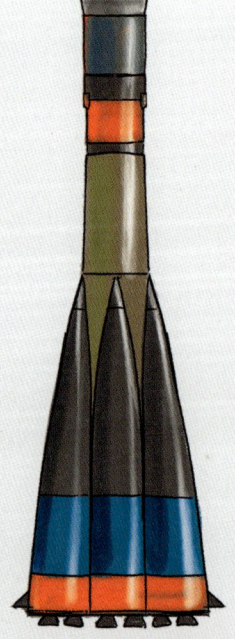

쓰고 그리며 우주 정복 ③

우주로 가져갈 물건 정하기

우주로 물건을 옮기려면 돈이 많이 들어. 그래서 우주인들은 우주에 아무거나 가져갈 수 없어. 몇 가지 물건만 우주로 가져갈 수 있지. 네가 우주에 간다면 뭘 가져갈 거야?

 물건의 크기와 무게를 생각해서 5가지 물건을 정해 봐.

쓰고 그리며 우주 정복 ④

내가 먹고 싶은 우주 음식

지구에서 멀리 떨어져 있는 우주인들의 가장 큰 즐거움은 식사 시간이야. 그래서 세계 여러 나라에서는 우주인을 위한 우주 음식을 만들고 있어. 네가 우주로 간다면 꼭 만들어서 가져가고 싶은 우주 음식은 뭐야?

 여러 우주인들과 나눠 먹고 싶은 음식도 생각해 봐.

쓰고 그리며 우주 정복 ⑤

내가 꼭 가고 싶은 우주

지금까지 인간이 가장 멀리 간 곳은 지구에서 380,000km 떨어진 달이야. 50년 전 일이지. 현재 인류는 달과 화성을 다시 방문할 계획을 세우고 있는데, 네가 우주로 갈 수 있다면 가고 싶은 곳과 이유는?

 어디에 어떤 우주 기지를 건설할 건지 생각해 봐.

교실을 뚫고 나간 우주 과학 이야기
최강 우주 탐사대

초판 1쇄 발행 2019년 6월 20일
초판 2쇄 발행 2019년 7월 17일

글 정홍철 | **그림** 정용환

펴낸이 김선식 | **펴낸곳** (주)스튜디오 다산

경영총괄 김은영
책임편집 한유경 | **디자인** 박진희
콘텐츠개발본부장 채정은 | **콘텐츠개발3팀** 한유경 김은지 강푸른
마케팅사업본부장 도건홍 | **마케팅1팀** 오하나 안현재 | **마케팅2팀** 조지영
채널홍보팀 안지혜 정다은
경영관리본부 허대우 박상민 최완규 이정현

출판등록 2013년 11월 1일 제406-2013-000112호
주소 경기도 파주시 회동길 357 2층 | **전화** 02-703-1723 | **팩스** 070-8233-1727
다산어린이 카페 cafe.naver.com/dasankids | **who 시리즈몰** http://www.whomall.co.kr

종이 · 인쇄 · 제본 (주)상림문화
ISBN 979-11-5639-798-4 73440
ⓒ 정홍철 글, 정용환 그림, 2019

- 책값은 뒤표지에 있습니다.
- 파본은 본사 또는 구입한 서점에서 교환해 드립니다.
- 이 책은 저작권법의 보호를 받는 저작물이므로 무단 전재와 복제를 금합니다.
- 이 책에 실린 사진 출처는 KARI(한국 항공 우주국), NASA(미국 항공 우주국), ESA(유럽 우주 기구), CSA(캐나다 우주국), JAXA(일본 우주 항공 연구 개발 기구) 등입니다.